Kauderwelsch
Band 71

Impressum

Christine Eggenberg
Schwiizertüütsch – das Deutsch der Eidgenossen
erschienen im
Reise Know-How Verlag Peter Rump GmbH
Osnabrücker Str. 79, D-33649 Bielefeld
info@reise-know-how.de

15., umfassend überarbeitete Auflage 2018

Bearbeitung Josef Overberg
Layout Josef Overberg
Layout-Konzept Günter Pawlak, FaktorZwo! Bielefeld
Umschlag Peter Rump
Kartographie Iain Macneish
Illustration aus s'Knüslis, © édition moderne, Zürich, www.strapazin.ch
Cover Illustration Patrick Haase
Gesamtherstellung Himmer GmbH Druckerei & Verlag, Augsburg

ISBN 978-3-8317-6542-3
Printed in Germany

Die Internetseiten mit Aussprachebeispielen und der Zugriff auf diese über QR-Codes sind eine freiwillige, kostenlose Zusatzleistung des Verlages. Der Verlag behält sich vor, die Bereitstellung des Angebotes und die Möglichkeit der Nutzung zeitlich und inhaltlich zu beschränken. Der Verlag übernimmt keine Garantie für das Funktionieren der Seiten und keine Haftung für Schäden, die aus dem Gebrauch der Seiten resultieren. Es besteht ferner kein Anspruch auf eine unbefristete Bereitstellung der Seiten.

Kauderwelsch

Christine Eggenberg

Schwiizertüütsch

das Deutsch der Eidgenossen

REISE KNOW-HOW
im Internet
www.reise-know-how.de
info@reise-know-how.de

ATOMKRAFT? NEIN, DANKE!

Kauderwelsch-Dialektführer sind anders!

Warum? Weil sie die Zugereisten – egal ob touristisch oder beruflich – in die Lage versetzen, das Kauderwelsch der alteingesessenen Bewohner vor Ort mit all seinen fremdartig und zuweilen lustig klingenden Lauten und Ausdrücken wirklich zu verstehen, und sich in die **Lebensart, das Lebensgefühl, die Lebensphilosophie** der Menschen vor Ort einzufühlen. Denn ein Dialekt ist nie nur eine andere Art zu sprechen, sondern Ausdruck einer anderen Art zu denken, fühlen, genießen, leben und zu lieben.

Wir verzichten daher auf lange sprachwissenschaftliche Abhandlungen über die Herkunft des Dialektes und kommen nach den grundlegenden lautlichen und grammatikalischen Unterschieden gleich zu dem, **was Alteingesessene auf der Straße und zu Hause sprechen.** Die Lautschrift lässt die Aussprache ins Ohr gehen, und man wird unweigerlich dem Charme, dem trockenen Humor und der bildreichen Sprache der deutschen Dialekte und Mundarten erliegen.

Die **Autorinnen und Autoren** werden Sie immer wieder zum Schmunzeln bringen und auf unterhaltsame Weise die Mentalität und und das Lebensgefühl des jeweiligen Sprachraums vermitteln. Es erwarten Sie sprachliche Leckerbissen, gespickt mit **umgangssprachlichen Floskeln, Redewendungen und lockeren Sprüchen,** die den Mutterwitz der Bewohner charakterisieren.

Glücklicherweise gibt es noch Menschen, ob alt oder jung, zugereist oder einheimisch, die das **Hochdeutsche** mit Liebe links liegen lassen und Ihnen mit einer gehörigen Portion Dialekt einige Rätsel aufgeben. Das gilt natürlich auch für **Wienerisch** oder **Schwiizertüütsch.**

Und weil's so schön ist, erfreut sich manch ein Dialekt auch weit über die eigentlichen Sprachgrenzen hinaus großer Beliebtheit wie z. B. **Kölsch,** die Sprache der Domstadt am Rhein, oder **Berlinerisch** (man denke da nur an Kennedys Ausspruch „Ick bin ein Berliner") oder **Sächsisch,** das nach der Wende besonders oft scherzhaft nachgeahmt wurde.

Inhalt

Einleitung

Konversation

Inhalt

Anhang

IN DEN REGIERUNGSRAT.
SIGI KNÜSLI
ÜBER-
PARTEILICH
GESUND
WELTOFFEN · TIERLIEB
7
Alfred

Vorwort

Liebe Leserinnen und Leser!
Der vorliegende Kauderwelschband enthält Ausdrücke, die in der Schweiz aktuell und gebräuchlich sind. Da es manchmal regionale Unterschiede in der Verbreitung der Wörter gibt, ist es nicht möglich, eine vollständige Übersicht in diesem Büchlein abzubilden. Es entstehen oft schnell neue Ausdrücke, andere sind plötzlich veraltet oder praktisch nicht mehr in Gebrauch. Damit die vorliegende Zusammenstellung so aktuell wie möglich bleibt, ist die Hilfe des Lesers, der Leserin eminent wichtig. Gerne freut sich der Verlag über die Rückmeldung fehlender Wörter, die Sie, bei ihrem Aufenthalt in der Schweiz hören. Vermerken Sie wann und wo Sie das Wort, den Satz gehört haben. Für verwertete Ergänzungen zeigt sich der Verlag mit einem Freiexemplar der nächsten Auflage erkenntlich.

Ob Schweizerdeutsch eine Sprache, ein Begriff oder ein Dialekt ist, darüber ist man sich in Fachkreisen nicht einig. Landläufig ist Schweizerdeutsch die Gesamtheit aller vielgestaltigen, deutschsprachigen Dialekte, die in der Schweiz gesprochen werden. Heute wird nicht mehr nur von Dialekt, sondern auch von Regiolekt gesprochen, da durch die grosse Mobilität oft gar keine klare Zuteilung im eigentlichen dialektologischen Sinne gemacht werden kann. Die überregionale Sprache ist das Schweizerhochdeutsch, das von vielen aber bereits als Fremdsprache empfunden wird. Es kommt immer wieder vor, dass Deutsche kopfschüttelnd feststellen: „Ihr Schweizer sprecht zwar Deutsch, aber ich verstehe kein Wort."

Tatsächlich erzeugen die Schweizer häufig ein Schmunzeln, selbst wenn sie sich bemühen, Hochdeutsch zu sprechen, denn sie behalten oft eine typisch alemannische Satzmelodie bei. Die Aussprache ist mehr oder weniger stark von den diversen Dialekten geprägt. Diese Eigentümlichkeiten sind aber nicht der einzige Unterschied. In den „Alpenländern" haben viele Dialekte die letzten Lautverschiebungen nicht mitgemacht. Deshalb werden viele Wörter anders ausgesprochen, die Vokabeln unterscheiden sich häufig vom deutschen Sprachgebrauch. Hier merkt man die Nähe zu Frankreich und Italien, denn einige Begriffe wurden von dort importiert. Mit der Etablierung neuer Techniken, wie sms oder Email hat auch die Englische Sprache einen grossen Einfluss auf die Mundart.

Natürlich können Deutsche darauf zählen, dass sie in der Deutschschweiz vielerorts verstanden werden. Es kann aber sein, dass sie eine Antwort auf Schweizerdeutsch erhalten und dass auch in der geschriebenen Sprache Ausdrücke aus der Schweizer Umgangssprache verwendet werden. Um Land und Leute besser kennen zu lernen, empfiehlt es sich, über ein paar relevante Begriffe Bescheid zu wissen.

Der Kauderwelsch „Schwiizertüütsch" stellt einige wichtige Ausdrücke der schweizerdeutschen Umgangssprache vor. Auch werden Wörter der lockeren Alltagssprache erklärt und erläutert, damit ein Zugang zum aktuellen Schweizerdeutsch gemacht werden kann. Diese Ausgabe wurde komplett überarbeitet und völlig neu editiert. Sie basiert auf der 14. Auflage der 2014 erschienen Publikation von Isabelle Imhof.

Nun wünsche ich viel Spass beim Lesen und vor allem beim Anwenden.

Christine Eggenberg

Hinweise zum Gebrauch

Zunächst werden allgemein die **Aussprache und die Besonderheiten** des Schweizerdeutschen erklärt. Außerdem werden einige Ausdrücke vorgestellt, die im Deutschen anders heißen und nicht ohne weiteres verstanden werden, wenn man sie hört. Diese Wörter klingen zwar wie im Deutschen, heißen im Schwiizertüütschen aber etwas ganz Anderes.

Der zweite Teil des Bändleins „Schwiizertüütsch“ beschäftigt sich mit der „lockeren Sprache des Alltags“; das sind Ausdrücke, die man manchmal zu hören bekommt, die nicht unbedingt in einem Wörterbuch zu finden sind.

Das vorliegende Schweizerdeutsch stützt sich hauptsächlich auf die **die Umgangssprache der Region Zürich**, der bevölkerungsreichsten Gegend der Schweiz. Viele der Slangwörter und lockeren Redewendungen werden von Jugendlichen und von Erwachsenen verwendet, beispielsweise in Bars, an Festen, irgendwo unterwegs oder an kulturellen Veranstaltungen. Die meisten der gesammelten Begriffe sind in mehreren Regionen verbreitet, sie werden oft unterschiedlich ausgesprochen.

Da echter Slang immer Sprache einer abgrenzbaren Minderheit (z. B. Schüler, Jugendliche mit Migrationshintergrund, Cliquen etc.) darstellt, kann es sein, dass bestimmte Ausdrücke nur in einigen Gegenden vorkommen oder dass sie sich nur langsam verbreiten. Es ist daher unmöglich zu sagen, ob ein Wort, das in Zürich gerade angesagt ist, auch in Bern oder Basel gebraucht wird und umgekehrt. Die Jargonsprache unterwirft sich keinen starren orthographischen Regeln und lässt sich schon gar nicht durch irgendwelche Standardisierungen aufhalten. Das bedeutet, dass Slang auch nicht gegen Umgangssprachen abgegrenzt werden kann. Gerade Jugendliche kreiieren ihre eigenen Wörter, je nachdem in welchem soziokulturellen Umfeld sie sich bewegen. Ein Hip-hoper gebraucht andere Sätze als eine Graffiti-Sprayerin oder ein Computerspieler. Es versteht sich von selbst, dass eine Sammlung von Slangwörtern und umgangssprachlichen Ausdrücken auch Wörter enthält, die nicht gerade piekfein sind. Ausdrücke, die man nach Möglichkeit nicht verwenden sollte, sind mit einem * gekennzeichnet.

Agglo-Schweizerdeutsch ist ein auf Bern-Aargau- und vor allem Zürichdeutsch basierenden Wörterbrei, der mit einem Jugo-Akzent eingefärbt und mit Wörtern aus der englischen Rapsprache abgerundet ist.

Da das **grammatische Geschlecht** eines schweizerdeutschen Wortes nicht immer mit dem des entsprechenden hochdeutschen Wort übereinstimmt, ist bei Hauptwörtern stets der bestimmte Artikel **(de, d** oder **s)** – manchmal auch der unbestimmte Artikel – ergänzt:

de Maa	der Mann	**en Maa**	ein Mann
d Frau	die Frau	**e Frau**(*)	eine Frau
s Chind(**)	das Kind	**es Chind**	ein Kind

(*) in der Region Luzern sagt man **en Frau**
(**) in der Region Bern sagt man **ds Chind**

Im **Anhang** dieses Bandes sind alle Ausdrücke noch einmal stichwortartig und alphabetisch geordnet aufgelistet. Anhand der dahinter gesetzten Seitenzahl(en) ist feststellbar, wo sich ein Wort, ein Ausdruck oder ein Stichwort und die entsprechende Übersetzung im Buch befindet. Sucht man z. B. den Ausdruck **is Chämi schriibe**, findet man hinter **Chämi** die entsprechende(n) Seitenzahl(en). Die Alphabetisierung folgt jeweils nach dem wichtigsten Wort. Die Artikel und Adverben werden bei der Aufzählung weggelassen.

Aussprache

Von den mittlerweile 8,4 Millionen Einwohnern der Schweiz sprechen ungefähr zwei Drittel einen schweizerdeutschen Dialekt.

Eine überregionale Sprache gibt es nicht. Ein St. Galler spricht auch zu einer Baslerin seine eigene Sprache, eine Bündnerin wird auch in Bern verstanden. Die typischen Unterschiede sind oft Anlass zu Witzeleien, andererseits lässt sich durch die Sprache oft erkennen, in welcher Gegend jemand zu Hause ist.

Grundlage für die vorliegende Sammlung ist die zürichdeutsche Aussprache. Eine einheitliche Schreibregelung gibt es nicht. Es wird in sehr verinfachter Form die sogenannte Dieth-Schrift angewendet:

Längen werden durch Verdopplung des Buchstabens wiedergegeben, z. B. **suufe** (saufen).
h wird immer deutlich gesprochen und ist kein Dehnungszeichen wie im Deutschen.

s vor **t** und **p** wird wie ein stimmloses **sch** ausgesprochen, z. B. **stier** „**sch**tier" (pleite), oft auch im Wortinnern: „Bii**sch**piil" (Beispiel).

Die Mitlaute **k, p, t** werden nicht behaucht! Bei Ausnahmen (z. B. bei Eigennamen und einigen Fremdwörtern) wird das **h** auch geschrieben, um zu kennzeichnen, dass an dieser Stelle der Mitlaut doch behaucht wird, z. B. **Thee** (Tee).

Das auslautende **-e** am Wortende wird unbetont gesprochen (wie deutsch „Lieb**e**"). Ein doppeltes **-e** am Wortende wird wie ein langes **e** gesprochen.

s und **z** werden in der Regel stimmlos ausgesprochen, **ch** wird immer rau ausgesprochen, z. B. wie in „Bu**ch**" oder „A**ch**tung", niemals aber wie in „Bei**ch**te"!

Wenn einem in der Schweiz der Buchstabe **y** begegnet (z. B. in der Bezeichnung des Berner Wahrzeichens **Zytgloggeturm** (Zeitglockenturm, Zeit = Uhr!), wird dieses wie ein langes **i** ausgesprochen. In diesem Buch wird **y** als **ii** wiedergegeben - **y** ist die ältere Schreibweise. Der Buchstabe selbst heißt bei vielen Leuten noch „Ipsilon" statt „Üpsilon".

Die Buchstabenfolge **üe** ist häufig. Dabei müssen die beiden Laute unbedingt getrennt gesprochen werden, ein **ü** gefolgt von einem unbetonten **e,** z. B. **Müesli** (Brei, „Mus") und nicht **Müüsli** (Maus)!
Ebenso verhält sich die Buchstabenfolge **ie.** Das **e** muss schwach hörbar sein und ist hier

kein Dehnungszeichen, z. B. **lieb** (lieb) und nicht **Liib** (Leib)!

Das Schweizerdeutsche

Die sprachliche Situation der Schweiz ist außergewöhnlich. Da wird, je nach Gebiet, Deutsch, Französisch, Italienisch oder Rätoromanisch gesprochen. Die meisten Leute sprechen oder verstehen noch mindestens eine weitere Landessprache. Es gibt einige Or-

te, wie z. B. die Städte Biel / Bienne und Freiburg / Fribourg, die zweisprachig sind.

Hier werden nicht nur die Straßen doppelt ausgeschildert, auch bei Regierungsversammlungen werden Französisch wie Deutsch gebraucht, das heisst es wird immer in der jeweiligen Muttersprache gesprochen.

Auch innerhalb der sogenannten Deutschschweiz gibt es keine einheitliche Sprache. Hochdeutsch wird für öffentliche Reden oder im Umgang mit Fremdsprachigen verwendet.

Sonst sprechen alle Schweizer ihren Dialekt, egal welcher sozialen Schicht sie angehören. Die Sprache der Gosse unterscheidet sich vor allem in der Stilebene, also der Wortwahl, vom Geplauder eines feinen Damenkränzchens. In den Schulen ist hochdeutsch die Unterrichtssprache und dies bereits in den Basisstufen, dh.ab Kindergarten. In ständiger politischer Diskussion ist, ab wann und wieviel die Lehrer während des Unterrichts hochdeutsch sprechen sollen. Vor allem konservative Kreise setzten sich dafür ein, dass auf allen Klassenstufen Mundart gesprochen werden soll.

Oft ist es nicht möglich nachzuverfolgen, ob ein Wort nun „Slang" ist oder zur normalen, alltäglichen Umgangssprache gehört. Es kann passieren, dasse ein Wort als Slang bezeichnet wird, obwohl es bereits seit dem letzten Jahrhundert belegt ist und somit die Verschiebung vom Jargon zur Umgangssprache vollzogen hat. Die Umgangssprache enthält

Viele Begriffe, die in den letzten Jahren allgemeine Umgangssprache geworden sind, waren eigentlich ursprünglich Slangausdrücke.

viele fremdsprachige Ausdrücke. So kommt z. B. das Wort **Tschoo** von ital. ***ciola*** und bedeutet in beiden Sprachen „Dummkopf". im Folgenden wird die Herkunftssprache nur dort in Klammern angegeben, wo sie noch erkennbar ist.

zur Entstehung

Der Begriff „Schweizerdeutsch" umfasst alle alemannischen Dialekte, die in der Schweiz gesprochen werden. Dass dabei kein Dialekt dominiert und sich keine Einheitssprache etablieren konnte, lässt sich historisch erklären: Die Schweiz besteht aus einem Bund verschiedener Staaten, die sich im Laufe einiger Jahrhunderte zusammengeschlossen haben. Dabei gelang es den alten Eidgenossen immer wieder, Machtansprüche einzelner Staaten einzudämmen und ein politisches Gleichgewicht herzustellen. Den Staaten entsprechen heute die Kantone.

Einige Begriffe der alten „Staaten" haben sich erhalten. So ist z. B. der „Staatsanwalt" für seinen Kanton zuständig, die „Bundesanwältin" jedoch für die ganze Schweiz.

Anfang des letzten Jahrhunderts wurde den Dialekten der sichere Untergang vorausgesagt. Immer mehr Leute der Oberschicht begannen, Hochdeutsch zu sprechen

Ab 1930 entstand eine Gegenbewegung, die aus patriotischen Gründen die schweizer Dialekte erhalten wollte. Während des Krieges war die Sprache ein Mittel, sich von Deutschland abzugrenzen. Seit 1990 nimmt der Trend zur Mundart weiterhin zu. Heute kann von einem veritablen Mundart-Boom gesprochen werden.

Der Mundart Spezialist Markus Gasser meinte kürzlich in einem Interview: "Die Mundart hat sich im Gegensatz zu früher immer mehr in die Schriftlichkeit verlagert. Während sich unsere Eltern höchstens Liebesbriefe oder Ferienkarten auf Mundart schrieben, findet heute bei den Jüngeren

Hochdeutsch zum Schreiben, Mundart zum Reden stimmt heute so nicht mehr. Durch neue Technologien ist das Mundartschreiben zum Standard geworden, ohne jegliche orthographischen Regeln, dafür mit vielen Abkürzungen, indem oft nur der erste Buchstaben verwendet wird oder nur die Konsonanten oder eine Wortsilbe kombiniert mit einem Bild.

praktisch die ganze private Schriftlichkeit über die elektronischen Medien auf Mundart statt. Der Mundart geht es gut. Sie ist, wirtschaftlich ausgedrückt, ein Wachstums- und kein Schrumpfmarkt."

Auch in der Literatur, der geschriebenen Sprache, sind neue Trende ausmachbar. Um die Jahrtausendwende weist die Mundartliteratur im Zeichen der Spoken-Word-Bewegung einen Aufbruch auf. Führend ist die 2004 gegründete Gruppe Bern, unter anderem mit Pedro Lenz, Guy Krneta und Arno Camenisch. Der Name Bern ist überall Programm; die Gruppe propagiert in ihrem Manifest die Auffassung, dass alle Sprachen der Welt gleichwertig sind. Sie fordert die Gleichstellung aller Sprachen und plädiert für die Aufhebung von hohen und niederen Sprachen. Einer der erfolgreichsten Vertreter dieser Bewegung ist Pedro Lenz, der mit seinem Dialektroman „**Dr Goalie bin ig**" grosse Publizität erreichte und dessen Buch von schweizerdeutsch auf hochdeutsch unter dem Titel „der Keeper bin ich" übersetzt wurde.

wichtige Unterschiede zum Deutschen

Den deutschen Umlauten „au, eu, ei" entsprechen die langen Vokale **uu, üü, ii,** z. B. **Luus** (Laus), **Lüüt** (Leute), **Ziit** (Zeit).

Das **n** am Wortende fällt weg, z. B. **faare** (fahren).

Die Vorsilben **ge-** und **be-** werden gekürzt zu **g-** und **b-,** z. B. **bhalte** (behalten)

Die einfache Vergangenheitsform (Präteritum) gibt es im Schweizerdeutschen nicht, so bedeutet **„ich bi choo“** sowohl „ich bin gekommen“ als auch „ich kam“.

Mit wenigen Ausnahmen ist auch der Wes-Fall (Genitiv) verschwunden. Besitz usw. wird mit **vo** (von) umschrieben. Deshalb werden Wörter wie „trotz“ und „während“ mit **dem** gebildet, z. B. **„trotz dem Regen“** für „trotz des Regens“.

Viele Fremdwörter werden auf der ersten Silbe betont, z. B.: **Zigarette, Kafi** (Kaffee), **Balkon** usw.

„kommen“ und „gehen“ werden verdoppelt, wenn sie zusammen mit einem anderen Tätigkeitswort gebraucht werden: **„ich chumm cho hole“** (ich komme kommen holen), **„ich gang go(ge) ässe“** (ich gehe gehen essen). Ähnlich funktioniert der Ausdruck für „hindurch“, das mit **dur ... dure** gebildet, also auch verdoppelt wird, z. B. **„dur s Tunell dure“** (durch den Tunnel durch).

Verkleinerung

Man sollte auf jeden Fall vermeiden, einfach hinter jedes Wort ein **„-li“** anzuhängen, selbst wenn man es häufig zu hören bekommt. Es kann – falsch angewendet – sehr schnell anbiedernd oder lächerlich wirken. So ist zum Beispiel das „Geld“ viel zu wichtig, um „verkleinert“ zu werden.

Wer für die schweizer Währung *„Fränkli“* sagt, macht sich gleich als Fremder erkennbar! Manchmal verändert ein Wort durch die Verkleinerungsform **-li** seine Bedeutung: **Chind** (Kind), **Chindli** (Baby).

Besonderheiten bei geschriebenen Texten

Schweizer Hochdeutsch wird in der Schweiz für sämtliche deutschen Texte verwendet, beispielsweise in den Schweizer Medien (sämtlichen Tageszeitungen und Magazinen), in amtlichen Texten, in betrieblichem und privatem Briefverkehr oder in Publikationen von Schweizer Firmen. Man wird darin bestimmt einige Ausdrücke antreffen, die man noch nicht kennt. Meistens handelt es sich dabei um Wörter, die aus Dialekten eingeflossen sind und einfach „deutsch“ geschrieben wurden. Diese Ausdrücke werden *Helvetismen* genannt und sind auch in der schweizer Literatur sehr verbreitet. Ganz anders die digital geschriebenen Texte auf whats-app oder per sms: diese sind häufig in Mundart geschrieben oder in Mundart und emojis.

Das Zeichen **ß** wurde vor ca. 90 Jahren abgeschafft und durch **ss** ersetzt.

Regionale Besonderheiten

Berndeutsch

Allgemein ist zu erwähnen, dass es in allen Schweizer Dialekten nur Präsens und Perfekt gibt. Im Schweizerdeutschen kann man nichts in der Vergangenheit erzählen.
(„Ich war, Ich bin gewesen“ heisst in allen Dialekten, **Ig bi gsii**. „Ich war“ ist nicht übersetzbar).
Die zweitgrößte Sprachregion wird von berndeutschen Dialekten gebildet. Auch hier gibt es keine Einheitssprache.

Eine Bernerin oder einen Berner erkennt man ziemlich schnell an ihrer Eigenart, die Laute ungewöhnlich zu dehnen.

Weitere Unterscheidungsmerkmale sind:
Die Höflichkeitsform wird noch mit **Diir** (Ihr) und **Euch** gebildet.

Das **l** wird am Wortende, manchmal auch im Wortinnern, fast wie ein „u“ ausgesprochen (genauer: wie das englische **w**):

Selbst innerhalb der Stadt Bern gab und gibt es verschiedene Varianten. Die Patrizier sprechen ein sogenanntes Patrizierberndeutsch, welches sich durch die Aussprache deutlich von der Mittel- und Unterschicht abhebt. Eine Besonderheit unter den Berner Dialekten ist das Matte Änglisch (Matte ist das traditionelle Arbeiterviertel der Stadt Bern), dazu gibt es eigens dafür geschriebene Wörterbücher. Matte Änglisch wird nur noch von eingefleischten Matte-Fans gesprochen und verstanden.

Berndeutsch:		Zürichdeutsch:	
viu		**vill**	*viel*
aui	(**a** und **u** getrennt)	**alli**	*alle*
verzeue	(**e** und **u** getrennt)	**verzele**	*erzählen*
d Chiuche	(**i** und **u** getrennt)	**d Chile**	*Kirche*

-nd wird manchmal zu **ng:**
de Hung (Hund), **d Stung** (Stunde)

aa wird zu **ei: geit** (geht), zürichdeutsch: **gaat**
au wird zu **ou: s Outo** (Auto)

Berndeutsch enthält unzählige Wörter, die es sonst nirgends gibt. Einige sind lautmalerisch, andere „Importe“ aus anderen Sprachen, z. B. aus dem Französischen. Vielleicht hat sich gerade aus diesem Grund die Berner Dialektliteratur so verbreitet. In allen Regionen gibt es Mundartautoren und -autorinnen. Aber nur die berndeutsche Literatur kommt auch bei einem breiten Publikum an. Das gleiche gilt übrigens für die Rockmusik.

Gruppen und Interpreten, die in einem anderen Dialekt als Berndeutsch singen, haben es schwer; deshalb wird auch mal auf Englisch

Hier eine Auswahl typischer Berner Ausdrücke:

geng	jeweils
liire, prichte	plaudern
näär	nachher
sider	seither
de Giel	Junge, junger Mann
s Müntschi	Kuss
de Louerihung	Langweiler
de Chätschi	Kaugummi
d Söiblueme	Löwenzahn
säg ejnisch!v	sag mal!, sag einmal!
Vou	Voll, ja so ist es

*(gerspr.: „**giu**")*

(trödelnder Hund)

Baseldeutsch

In der Region Basel wird ein dem Elsässischen verwandter niederalemannischer Dialekt gesprochen. Folgende Merkmale sind auffällig:

ch (k), **p** und **t** werden manchmal (leider nicht regelmäßig!) weich wie **g, b,** und **d** ausgesprochen: **Daig** (Teig), **glai** (klein).
langes **ü** wird zu **ie: Gmiet** (Gemüt)
kurzes **ü** wird zu **ii: Fliigel** (Flügel)
ö wird zu **e: Eel** (Öl)
aa wird zu **oo: Doope**

*(zürichdeutsch: **Taape** = Hand, Pfote)*

weitere Dialekte

Bündnerdeutsch: Während in der restlichen Schweiz die Mitlaute selten bis nie behaucht werden, ist hier gleich das Gegenteil der Fall: das **h** wird deutlich hörbar ausgesprochen. Die Stadt Chur heißt also korrekt bündnerisch **Khuur.** Erhalten haben sich auch Formen wie **„si sägend“** für „sie sagen“.

Schweizer aus der **Innerschweiz** (um Luzern) erkennt man am häufigen Gebrauch des Wortes **rüüdig,** was „viel, sehr“ bedeutet.

Für **St. Gallen** und die **Ostschweiz** sind die Ausdrücke **en Aart** und **welewääg** (= vermutlich) typisch. Der Ausdruck **en Aart** hat viele Funktionen, er kann „ungefähr“ bedeuten, aber auch einfach nur ein Füllwort sein. Außerdem erkennt man Ostschweizer an dem sehr hell ausgesprochenen **a.**

Eine Besonderheit bildet das Walliserdeutsch. Hier handelt es sich um eine höchstalemannischen Dialektgruppe, die auch für diejenigen, die einen anderen Schweizer Dialekt sprechen, nur schwer verständlich ist. Im Walliserdeutsch drückt man sich nach wie vor in allen vier Fällen (Dativ, Genitiv, Akkusativ und Nominativ) aus.

embrüff und **embrii:** hinauf und hinunter oder

emüächa und **emab**: herauf und herunter

In der Schweiz sind nicht alle Dialekte gleich beliebt. Eindeutige Favoriten sind die Dialekte aus den Kantonen Graubünden, Wallis und natürlich Bern!

Wörter, die etwas anderes bedeuten

Folgende Wörter führen oft zu Missverständnissen, weil sie im Deutschen nur scheinbar dasselbe bedeuten wie im Schweizerdeutschen.

schnore	viel reden, bluffen
chlööne	jammern
laufe	gehen
schmöcke	riechen
realisiere	sich bewusst werden
müesam	unangenehm
Peperoni	Paprika
Paprika	Paprikagewürz
fäge	wischen
wüsche	fegen
extra	absichtlich
de Rock	Kleid
d Pfane	Topf
de Sack	Tasche
de Schnurre	Schnauze
schmeisse	werfen
s Rüebli	Möhre

Aber selbst wenn manche eigentlich gleich lauten und auch dasselbe bedeuten, schaffen es die Schweizer dennoch, sich vom Deutschen zu unterscheiden:

*Tipp zum Einstieg: Fragen Sie nach jedem Satz **odr?** (oder). Das gilt auch für Aussagesätze wie:* **Ich habe Hunger, odr?**

grilliere	grillen
campiere	campen
parkiere	parken
probe	probieren, proben
d Reservation	Reservierung
d Renovation	Renovierung
d Redaktorin	Redakteurin
de Unterbruch	Unterbrechung

Allgemeines Schweizerdeutsch

In diesem Kapitel sind ein paar schweizerdeutsche Ausdrücke gesammelt und alphabetisch geordnet. Die folgende unvollständige Liste stellt nur eine kleine Auswahl dar. Nicht berücksichtigt wurden Begriffe und Bezeichnungen, die sich nicht besonders vom Hochdeutschen unterscheiden und die man ohne weiteres versteht.

Aalass, de	Veranstaltung
aaschiinend	offenbar
abhandechoo	verlieren
abwägig	seltsam, ungewöhnlich
amigs	jeweils
Badi, d *(Abk.)*	Schwimmbad
bäffzge	kläffen (Hund)
Billet, s	Fahrkarte
büfflä	pauken
Büs(s)i, s	Katze
Chappä	Mütze

Chilbi, d	Rummelplatz
Chlapf, de	Knall, Ohrfeuge
chlöpfe	knallen
chlüttere	herumwerkeln
Chlütteri, de	Heimwerker
Chöpfler, de	Kopfsprung ins Wasser
Chrottepösche, d	Löwenzahn
Cousin/Cousine	Vetter, Base
diffissiil	heikel, schwierig, empfindlich
downlowdä	herunterladen
eige	eigenartig, eigenwillig
exgüsi	Verzeihung
faktisch	tatsächlich, in Wahrheit
Finke	Hausschuhe
frequentiere	besuchen, teilnehmen
gang und gäb	üblich
Gigampfi, Ritiplampi	Schaukel
giggerig	spitz
Glacé	Eis
Gomfi	Marmelade
Grüezi	Hallo
Gstürm, s	Aufregung
halbbatzig	halbherzig
handcherum	andrerseits
Heftli, s	Zeitschrift, Heft
huure	kauern
iidrücklich	beeindruckend
iiloggä	einloggen
larsch	freizügig (frz. large)
lisme	stricken
lödele	wackeln

(frz. ***difficile***)

lose	hören
lottere	wackeln
luege	gucken
lugg	lose
lüüte	klingeln
Manggo, s	Mangel, Nachteil
Matte, d	Wiese
meini	scheint mir
miniim	geringfügig
mitenand	zusammen
Muggä	Mücke
Muni, de	Stier
Mutz, de	Bär
Mux, de	Regung
nodere	stochern
nöisle	stöbern, wühlen
nüt	nichts
oomächtig	vertrackt
öppe	ungefähr
öpperem naaschlaa	jem. gleichen
Platz nää	sich setzten
Printer	Drucker
pöpperle	anklopfen
Quantum, es rächts ...	viel
(Post) **refüsiere**	Annahme verweigern
Ross, s	Pferd
Rüebli	Karotte
schier	beinahe
schiints	es scheint
schmökkä	riechen
Schneehäsli	hübsche Skifahrerin

schwadere	planschen
Schwämm, d	Wildpilze
Stutz, de	steiles Wegstück
Summervogel, de	Schmetterling
Tätsch, uf ein	plötzlich
Tobel, s	Waldschlucht
tööne	klingen
tschägget	gefleckt
tupfegliich	genau gleich
umepröble	ausprobieren
uf Widerluägä	Tschüss
Unggle	Onkel
uuflupfe	aufheben
verrumpfle	zerknittern
versuume	verpassen
voorig	übrig
vorig	soeben
Wejer, de	Teich
x-öpper	irgend jemand
zäme	zusammen
zuämachä	schliessen
zueschletze	(Tür) zuschlagen

Spiide, Bloche, Frääse

Unterwegs...

Die Schweiz verfügt über das dichteste Eisenbahnnetz Europas. In Berg- und Randgebieten wird der öffentliche Verkehr von Bussen (=Postautos) betrieben. Der größte Bahnbetriebe ist die **Schweizerische Bundesbahnen (SBB).**

Daneben gibt es unzählige kleinere Privatbahnen, die meistens auf Nebenlinien fahren. In ländlichen Gegenden mit wenigen Postautokursen werden seit Januar 2018 Mitfahrsysteme getestet, welche an den öffentlichen Haltestellen per sms private Fahrdienste anbieten.

Die Fahrpläne der verschiedenen Betriebe sind jeweils aufeinander abgestimmt. Selbst die Schifffahrtsgesellschaften, die Fahrten auf den Schweizer Gewässer gewähren, sind oft mit dem Fahrplan der öffentlichen Verkehrmittel verbunden, die Anschlüsse zwischen Bahn-Bus-Schiff gewährleistet. Die Fahrscheine können online oder an den Bahnhöfen gekauft werden. Auf den meisten Linien verkehren die Züge stündlich.

Einige Städte verfügen über ein Verbundsystem zwischen Bahn, Bus, und Tram. Innerhalb der gewählten Zonen kann man mit einem Fahrschein alle öffentlichen Verkehrsmittel benutzen, meist innerhalb einer bestimmten Zeit.

... mit dem Zug und der S-Bahn

de Kondüktör	Schaffner; (Abk.: **de Kondi**)
s Perron	Bahnsteig
s Billet	Fahrkarte
s Rötuurbillet	Rückfahrtskarte
s Abo *(Abk.)*	Mehrfahrtenkarte (Abonnement)
s GA	Generalabonnement mit welchem praktisch alle öffentlichen Verkehrsmittel ein Jahr lang unbegrenzt benutzt werden können.
dd Holzklass	Bahn: 2. Klasse; Flugzeug: Touristenklasse
ds Tram	Strassenbahn
ds Lumpesammler	letzte Straßen- oder S-Bahn
de Rank	Kurve
pressant	eilig
pressiere	eilen

Spiide, Bloche, Frääse

... zu Fuß

Mit der Bahn, dem Postauto oder dem Schiff kommt man fast überall hin. Es lohnt sich aber auch, mal zu Fuß zu gehen und die Landschaft zu genießen. Zahlreiche Wandertipps findet man im Internet oder in den jeweiligen Tourismusbüros.

(frz. ***trottoir***)	**s Trottuar**	Gehsteig
	de Fuessgängerstreife	Zebrastreifen
	d Tole	Gully
	tschumple, stifle, stoffle, laufe, tschalpe	gehen
	cheibe, seckle, ieche, shase, weible, en Spurt riisse	eilen, rennen
(wie eine schwangere Bergente)	**laufe wiene schwangeri Bergänte**	watscheln
	gumpe	springen
	uufjucke	aufspringen
	zackig, tifig, zügig	schnell
(Dampf aufsetzen)	**Dampf uufsetze**	sich beeilen
	düüse, spiide, bloche, pfure, schnüüze, fäge	düsen, speeden
(Karacho)	**i eim Garacho**	sehr schnell fahren oder laufen
	en Zacke druff haa	einen Zahn drauf haben
	uusschlipfe	ausgleiten
	uf d Schnure gheje, schnätzle, büchse	stürzen, auf die Schnauze fallen
	Es hätt mi glitzt.	Ich bin gestürzt.

DAS SCHTINKT SICHER MÄNGEM, DAS ER DAS JETZ MUES MACHE.
DAS ISCH DOCH NÖD MEE ALS AASCHTAND. WÄNN IICH EN HUND HETT, WÜRD ICH DAS AU MACHE...
SO, DAS WÜRDSCH MACHE! ABER DE SUSI HÄSCH NÖD EIMAL D WINDLE GWÄCHSLET!!

... mit dem Auto

Die Höchstgeschwindigkeit beträgt auf Autobahnen 120 km/h, auf den übrigen Straßen 80 km/h und in Ortschaften 50, 40, 30 oder 20 (Wohnstrassen) km/h. Im Autoverkehr gelten dieselben Regeln wie im übrigen Mitteleuropa. Die Benutzung der Autobahnen muss man jedes Jahr bezahlen. Man ersteht eine **Vignette** (Aufkleber) und klebt diese an die Windschutzscheibe. Nicht aufgeklebte Vignetten sind ungültig!

(Blechkutsche)	**de Chare, d Bläächguutsche**	Karre, Rostbeule
(Bottich)	**d Bäne, de Göppel, de Chlapf, d (Chlöpf)Gelte, d Chischte**	Auto, Kiste
	de Schlitte	Schlitten
	de Kaan, s Amifass, s Amischiff	großes Auto, Amischlitten
(frz. **deux chevaux***)*	**de Dööschwoo** *zwei Pferde*	Ente
(ital. **cinquecento***)*	**de Tschingge-Rucksack**	Fiat 500 *„Italiener"-Rucksack*
(frz. **occasion***)*	**d Oggasion** *Gelegenheit*	Gebrauchtwagen
	de Camion	LKW
	de Car	Reisebus
	de Schofför, d Schoffös	Fahrer(in)
	d Liechtsignalaalaag, s Liechtsignal, s Rotliecht	Ampel
	de Garaschischt	Autohändler
	de Mech *(Abk.)*	Mechaniker

de Moscht	Benzin
de Finke	Autoreifen
s Billet, de Faaruuswiss	Führerschein
en Platte haa	Reifenpanne haben
S Auto/de Motor isch abgläge. **S Auto isch abghuuret.**	Motorschaden *(... hat sich hingelegt)* *(... hat sich niedergekauert.)*
fuuge, frääse	fahren
umefuurze	nervös umherfahren/ gehen
vorfaare	überholen
Er isch vercharet worde.	Er ist überfahren worden.
zämechare	zu Schrott fahren
abbruchriif	schrottreif
en Hölezaa	große Geschwindigkeit *(Höllenzahn)*
uf d Chlötz staa	Vollbremsung *(auf den Klötzen stehen)*

brüsk	unvermittelt
lüftle	Luft aus Reifen entweichen lassen
stöpple	autostoppen

... mit dem Zweirad

s Welo, en Draht-Esel	Fahrrad
pedale, trampe, welofaare	radeln
s Wäschpi	Vespa *(Wespe)*
de Töff, s Töffli, s nervöse Welo	Töff-Töff, Rostlaube *(nervöses Fahrrad)*
de Pfupf, de Schnäpper, de Sackgäldvergaaser	Mofa *(Taschengeldvergaser)*
En Batterie-Strampler, En E-Göppel	Elektro-Fahrrad

Polizei

Die Polizei hat sich in den letzten Jahren an allerhand Bezeichnungen gewöhnt. Trotzdem sollte man die folgenden Begriffe einem Polizisten gegenüber besser nicht gebrauchen.

de de Tschugger, de Schmierlappe	Polizist
d Parkplatz Schwalbe	Verkehrspolizist
de Bläächpolizischt	Starenkasten, Radarfalle *(Blechpolizist)*

Ordnungssündern droht **„en Blaue“** (Strafzettel) oder sogar:

de Brief abgää, s Billet verlüüre	Führerscheinentzug
s Chefi, d Chischte	Gefängnis
dihine	im Gefängnis *(hinten)*
hinderechoo	ins Gefängnis müssen
abhocke	Strafe absitzen
d Winde	Jugendheim, Erziehungsheim
filze	filzen (Polizei)

Wird man Opfer eines Diebstahls erstattet man Anzeige bei der Polizei.

Wo isch dä nächscht Polizeiposchte?
Wo befindet sich die nächste Polizeiwache?

Häufig gestohlene Artikel:

Portmonee	Geldbeutel, Geldbörse
Welo	Fahrrad
Laptop	Computer mit Batteriebetrieb
Natel, handy	Mobilfunktelefon

Chlütter, Chiis und Pulver

Kohle, Zaster, Kleinkram kaufen

Die Schweiz ist ein wohlhabendes Land. Die Erklärung für den Schweizer Spitzenplatz ist im buchhalterischen Sinn einfach: Die Schweizer arbeiten relativ viel, sie sind ziemlich produktiv, und ein relativ hoher Anteil der Bevölkerung ist erwerbstätig. Und die Schweiz ging unversehrt aus den beiden Weltkriegen des letzten Jahrhunderts hervor. Es gibt noch zahlreiche weitere Gründe und viele Theorien, weshalb die Schweiz zu Reichtum kam. Dabei spielen die Banken und Bankgeschäfte keine unwesentliche Rolle. Und eben auch das liebe Geld.

dr Gäldschysser ha
jemand, der durch leichtfertiges Geld ausgeben den Eindruck erweckt, über viel Geld zu verfügen.

de Stutz, d Stütz, de Chlotz, de Chiis, de Chlütter, d Möps, de Pulver, d Iseli, de Stei,d Chöle, d Hämmer, de Traat	Kohle, Zaster, Knete, Mäuse, Möpse, Kies, etc.
Flüssigs	Bargeld, Flüssiges
s Rötuurgäld, s Usegäld	Wechselgeld
s Münz	Kleingeld
de Karsumpel, de Bättel	Habe
s Sackgäld	Taschengeld, lumpige Summe
gänggele	Geld für Kleinkram ausgeben

Bedauernswert, wer **bläääche** *(blechen)* oder sogar **s hool Händli mache** muss.

bläääche, berappe,	zahlen	
s segg haa	den genauen Betrag haben	*(es trocken haben)*
en Hunderter ligge laa	100 Franken ausgeben	
bröösmele, chnüüble	Geld hervorkramen	
verpulvere, verchlöpfe	(viel) ausgeben, verpulvern, auf den Kopf hauen	
verloche	zum Fenster herauswerfen	
is Chämi schriibe	abschreiben, aufgeben	*(in den Kamin schreiben)*
usem eigne Sack zale	auf eigene Kosten bezahlen	

in eigne Sack zale	in die eigene Tasche abzweigen
s hool Händli mache	betteln, eine hohle Hand machen
abluchse	erschnorren
känn rote Rappe haa	völlig blank sein
aapumpe	jemanden um Geld bitten

Es hätt en glitzt.
Er ist bankrott.

(chnoche) stier	(total) pleite
überrisse	überhöht (Preise)
verquante, verschachere	verramschen

Da sind schon diejenigen besser dran, die **us em Schniider** sind:

en Schnitt mache	Profit machen
useluege	Gewinn bringen
garniere	verdienen

Ich bin saniert.
Ich habe genug Kohle gemacht.

us em Schniider sii	die Durststrecke hinter sich haben
gstopft	reich, versnobt
uf em Gäld hocke wiene Chrott	geizig sein
de Chnoorzi, de Rappespalter	Geizhals

Scheine und Münzen

e Megatone	1 Million Franken	
Kilo, Riis, Tone	1000-Franken-Schein *(Riese)*	
Lappe, Blatt	100-Franken-Schein	
Füffzgerlappe	50-Franken-Schein	
Pfund	20-Franken-Schein	
Dietschi	10-Franken-Schein	*(ital.* **dieci** *= zehn)*
Schnägg, Tole, Föifliiber	5-Franken-Münze	
Zweifränkler	2-Franken-Münze	
Einfränkler	1-Franken-Münze	

Simsle und tschätte

Social networking

Das Wort des Jahres 2017 in der Deutschschweiz war übrigens **Häschtägmiituu**, **#MeToo**. *(Ein Hashtag, der auf sexuelle Belästigungen und sexuelle Übergriffe auf Frauen aufmerksam macht.)*

Insgesamt surfen in der Schweiz über 80 % der Bevölkerung regelmässig im Internet. Mailen und der Gebrauch von Smartphones gehört zum festen Bestandteil einer Schweizerin, eines Schweizers und dies während der Arbeit, wie auch in der Freizeit.

Ein paar Ausdrücke rund um social networtking:

Min screen isch verchrazzt.
Mein Bildschirm ist verkratzt.

Ich google/doodle das !
ich werde das googeln/doodeln!

Gitts für das än App?
Gibt es dafür eine App?

Ich mues mis Natel ufladä.
Ich muss mein Handy aufladen.

Schtell bitte dis Natel ab.
Mach bitte dein Handy aus.

Häsch en charger?
Hast du ein Ladegerät?

Am Tropf hänge.
Im Internet surfen.

Uf s Mail legge.
Ich schreibe dir eine E-Mail.

Welläs isch din Skype-Namä?
Welches ist dein Skype Namen?

I bi nöd uf facebook.
Ich bin nicht auf Facebook.

snäpchätte	snapchatten
häschtäg	Hashtag
Informatiker Handtäschli	Lap-Top
En Öpfel Jünger	Macintosh-User
häschtäg	Hashtag
E Ego-Disco, en Podi	Walkman
forwardä	Weiterleiten
aschtuppsä	anstuppsen

Die sogenannten Offliner in der Schweiz machen Widerstand aus Überzeugung. Sie wollen nicht ständig und immer erreichbar sein. Sie wollen auch nicht, dass man Daten über sie sammelt. Sie haben kein Handy und möchten keine Spuren im Internet hinterlassen. Sie suchen aus unterschiedlichen Gründen nach Alternativen zur hyperdigitalen Zukunft.

Shoppe und Poschte

Einkaufen

Einkäufe werden nach wie vor in physisch vorhandenen Geschäften getätigt. Jahr für Jahr nimmt in der Schweiz der Onlinehandel prozentual stark zu und verdängt so manches.

Shoppe und Poschte

*Eine **Fäschonista** (von ital. **fascionista**) ist immer nach dem letzten Schrei gekleidet und gibt Unmengen von Geld aus, um modisch auf dem letzten Stand zu sein, sei das als Youtuberin oder Influencerin oder in der ganz normalen Alltagswelt.*

lädele, poschte, lädele	einkaufen
de Ladehüeter	schlecht verkäufliches Stück
de Floomi	Flohmarkt
Ichaufsturi	Einkaufstourist*

*Jemand, der im Nachbarland auf Grund vorhandener Preisunterschiede günstig einkauft. Schweizer tun dies vor allem in Süddeutschland, Norditalien oder Ostfrankreich.

Flohmärkte in sind sehr angesagt und es gibt sie in vielen Schweizer Orten. Informationen findet man im Internet (z. B. „Die schönsten Flohmärkte der Schweiz).

Wer sich von Kopf bis Fuß neu einkleiden möchte, findet im Folgenden ein paar nützliche Ausdrücke:

D Aaleggi, s Tönü	Kleidung
de Göx, de Tschäpper	Hut
d Chappe	Mütze
d Dächlichappe	Schirmmütze
s Bere, de Globihuet	Baskenmütze
s Liibli, s Tii-Schi	T-Shirt
s Underliibli	Hemdchen
d (Under)Höös	(Unter)Hose
s Jäggli	Cardiganjacke
de Tschoope	Anzugjacke
de Püll *(Abk.)*, **de Puli**	Pullover
d Schaale, s Gwändli	Anzug

s Übergwand	Overall
d Chegelfänger *(Mz.)*	Knickerbocker, Wanderhose
id Hose stiige	eine Hose anziehen
de Schüpp	Rock
de Rock	Kleid
s Fäändli, de Lumpe	billiges Kleid
d Quadraatlaatsche *(Mz.)*	große Schuhe
d Finke *(Mz.)*	Pantoffeln
d Schlaarpe *(Mz.)*	ausgetretene Schuhe
d Heilandsandale *(Mz.)*	offene Herrensandale
Amedissli *(Mz.)*	Pulswärmer
Savanne Huscherli	Espadrilles
E Lawine-Verbouig, en BeHa, en Hang-Fang, en Bügellift	Büstenhalter *(BH mit Bügel)*

Hier das „Zubehör“:

s Nasewelo	Brille	*(Nasenfahrrad)*
de Naselumpe, s Nastuech, s Böögenalbum	Taschentuch	
de Flooräche	Kamm	
de Bändel	Band (jeder Art)	
de Schuebändel	Schnürsenkel	
de Sack	Tasche	

Hörnli und Müesli

Rund ums Essen

Am liebsten essen die Schweizer Teigwaren in allen Variationen. Ebenfalls erfreut sich grosser Beliebtheit die Rösti, eine typisch schweizerische Kartoffelspezialität mit Bratwurst. Und nicht zu vergessen: das legendäre Fondue. Man kann dies heute überall und zu jeder Jahreszeit (bspw. auch bei 36 Grad Celsius mitten im Sommer) essen. Der Werbespruch **FIGUGEGL (=Fondue isch guet und git e gueti Lune**/ Fondue ist gut und gibt eine gute Laune) aus den 50er Jahren des letzten Jahrhunderts wird heute immer noch verwendet.

***Rivella** ist DAS typische schweizerische alkoholfreie Limonadengetränk. Es erfreut sich grosser Beliebtheit und gehört seit Jahren auf den Restaurant- oder Küchentisch zu Hause.*

Die traditionellen Essenszeiten heißen **de Zmorge** („zu Morgen“: Frühstück), **de Znüüni** („zu neun Uhr“), **de Zmittag** („zu Mittag“: Mittagessen), **de Zvieri** („zu vier Uhr“), **de Znacht** („zu Abend“: Abendessen).

Die folgenden Ausdrücke bezeichnen, auf welche Arten und Weisen ein **Schläckmuul** (Leckermaul) so alles **schnabuliere** (schlemmen) oder ein **Frässcheib** bzw. **Frässack** (Vielfraß) etwas in sich hineinschaufeln und verdrücken kann:

fuude	**inebiige**
ineschuufle	**spachtle**
habere	**frässe**

chafle *(nagen)*	**schläcke** *(lecken)*
mampfe	**fuetere**
inerüere	**iiwerfe**
vertrucke	**abetrucke**
öppis in Grind ietrucke	

Es folgen einige humoristische Varianten und Wortspielereien.

Teigaffä, pasta, Krawättli: Teigwaren
Schniposa(bi): Wiener **Schni**tzel mit **Po**mes frites und **Sa**lat (und **Bi**er)
Schpagetti Bolo: Spaghetti Bolognese (Hackfleisch und Tomaten)

de Gumiadler, s Güggeli	Hähnchen, Gummiadler
s Pulee	Hühnchen
de Mischtchratzer	junges Hähnchen
s Hacktätschli	Boulette
s Blätzli	Schnitzel
s Voorässe	Ragout
s Gnagi, s Schüfeli, s Rippli	Eisbein
de Hamme	Schinken
d Schuesole	zähes Schnitzel
de Fraass	Essen, Fraß
de Schlangefraass, en truurige Fraass	Schweinefraß, Schlangenfraß
Teiggaffe *(Mz.)*	Nudeln
d Vierkantrööschti	Pommes frites
es beleidigts Brötli, es iiklämmts	Sandwich
natüür	ohne Zusatz, pur

Gemüse

Nach so viel Fleisch und Kalorien hier die gesündere Kost:

de Nüsslisalat, de Nüssler	Feldsalat
de Lauch	Porree
d Rüebli *(Mz.)*	Möhren
d Rande	rote Bete
d Peperoni	Paprika
d Chefe	Zuckererbsen
d Zuggetti	Zucchini
rüschte	Gemüse putzen
de Chabis	Kohl

Desserts und Süßspeisen

de Sandsturm	trockenes Gebäck
d Patisserii	süßes Gebäck
de Gnussnipfel	Nussgipfel
d Sturzwälderschwaarte	Schwarzwälder Kirschtorte
de Biber(flade)	gefüllter Lebkuchen
de Tirggel, s Läckerli	Honiggebäck
d Wäje, d Dünne	Obstkuchen
de Eiterrieme	Cremeschnitte
d Schnudertüüte	Cremetüte
de Raam, de Nidel	Sahne
s Nidelzältli, s Raamtäfeli	Sahne-Karamel
de Cup	Eisbecher
de Chöitsch, de Chätschgummi	Kaugummi

s Zältli, s Täfeli	Zuckerbonbon
de Bääredräck	Lakritze
d Spanischi Nüssli *(Mz.)*	Erdnüsse
s Schläckzüüg	Süßigkeiten

s Wermisell Nachtisch aus Kastanien, Rahm und Zucker

ds Bettmümpfeli Süssigkeit, die man vor dem Zubettgehen isst

räss	salzig
aamächelig, gluschtig	verlockend
fuere	schnell sättigen
chüschtig, wäärschaft	deftig
de Mocke	dickes Stück *(z. B. Fleisch*

Das legendäre Birchermüesli

Das Originalmüesli diente als Diätspeise und sollte Magenbeschwerden heilen und als Rohkostspeise zu einer gesünderen Lebensweise führen.

Der Erfinder, Dr. Bircher, wurde anfangs von der Ärztegesellschaft nicht ernst genommen, erzielte dann aber mit seiner Ernährungslehre grosse Heilerfolge. Das Müesli enthält alle wichtigen, aber keine überflüssigen Nährstoffe. Hier das originale Rezept:

Original Bircher-Müesli für 1 Person

1 El Haferflocken (nicht mehr!) mit etwa 50 ml

Wasser und dem Saft einer ½ Zitrone vermischen. Dann lässt man das Ganze kurze Zeit quellen. Als nächstes kommt 1 El gezuckerte Kondensmilch dazu (ersatzweise kann man auch Yoghurt und Honig nehmen). In diesen Brei wird mit der Bircherraffel (speziell entwickelte Apfelreibe, die in jedem schweizer Supermarkt erhältlich ist) 1 großer, säuerlicher Apfel gerieben. Schließlich kommt noch 1 El geriebene Haselnüsse dazu. Gut unterrühren!

Dieses Müesli wird ständig mit neuen Zutaten erweitert und verändert und erfreut sich als Frühstücksspeise in der ganzen Schweiz grosser Beliebtheit. Bei der trendigen veganenVariante wird Yoghurt, und Kondesmilch durch Pflanzenmilch ersetzt, der Honig weggelassen.

Wer es doch lieber etwas „ungesünder" mag, der sei aufs liebe Brot verwiesen:

s Pariiser Brot	Baguette
s Gipfeli	Hörnchen
d Züpfe, de Zopf	Brot in Zopfform, aus Milchhefeteig *(das typische Sonntagsbrot)*
s Büürli, s Weggli, s Schlumbergerli	Brötchen
en Anke	die Butter

Und zum Schluss ein Fondue

Der Begriff Fondue leitet sich her vom französischen fondue, fondre, geschmolzen. Das Käsefondue ist die älteste Variante des als Fondue bezeichneten Gerichts. Es besteht aus einer Mischung von geschmolzenem Käse und Weisswein, der als Bindemittel Stärke zugegeben und die mit einem Schuss Kirsch sowie Knoblauch und Pfeffer abgeschmeckt wird.

Das Fondue wird in einem Topf aus Keramik, den man **Caquelon** nennt, serviert.
Bon appetit!

Ab in Uusgang

Durch Bars, Kneipen und Discos

Seit fast 10 Jahren gilt in allen Restaurants und Hotels der ganzen Schweiz das Rauchverbot. Erlaubt bleibt das Rauchen vor dem Gasthof. Im 2018 soll zusätzlich keine Tabakwerbung im öffentlichen Raum und keine online-Kampagnen im Internet stattfinden. Gleichzeitig wird diskutiert, ob die E-Zigaretten legalisiert werden sollen.

ab in Uusgang	ausgehen
d Beiz, d Chnele, d Tankstell, de Spunte, d Trinkgäldhööli	Kneipe, Spelunke
d Schwachstrombeiz	alkoholfreies Restaurant
d Trinkgäldsüüle, de Saaltöff, d Serwierdüüse, de Serwierschlitte	Bedienung

(engl. **scene***)*

iizie	kassieren *(einziehen)*
de Beizer	Wirt
frei haa	Freizeit haben
zum Loch use	zur Tür hinaus
uf d Löitsch gaa	bummeln gehen *(löitsche = herumstreichen, streunen)*
uf d Gass gaa, Gassi gaa, in Uusgang gaa, uf d Szene gaa, under d Lüüt gaa	ausgehen
s Gaudi haa, e gueti Ssiin haa, s luschtig haa	vergnügt sein, Spaß haben
uf de Szene	da sein, wo was los ist
schwanze	schlendern
(di ganz Nacht) duremache	(die Nacht) durchmachen
s Fäscht, de Feez e Fete	Fete, Party

Discos laufen manchmal als Privatclubs, d. h. es darf offiziell kein Alkohol verkauft werden.

Was isch hüt loos?
Wo läuft was ab?

Im XY isch öppis guets loos.
Im XY ist heute was los.

Tanzen kann sein:
muuve, hopse, hüpfe, s Bei lupfe, s'Füdli schwinge, schwoofe, scheike (to shake)

Zum Genuss gehören dazu:

d Vergnüegigskurve	Augenringe
s Schmöckiwasser	Parfüm
gschläckt sii	geschniegelt sein

Trinken

d Spritkomode	Hausbar	
d Sumpftuur, d Biersafari, d Pintecheer	Sauftour	
eis go zie, eis go hebe, eis go blaase, eis go kippe	etwas trinken/ heben gehen	
eis go schnappe/ schlucke	losziehen, auf die Schnelle ein Glas trinken gehen	
umesumpfe	in einer Kneipe viel saufen	*(herumsumpfen)*
suufe, spüele, inhaliere, güle, güügele, tanke, lööte, inegüddere, abestele	saufen,	*(inhalieren),* *(jauchen)* *(runterstellen)*
en Bode legge	sich eine Grundlage schaffen	*(einen Boden legen = vor dem Trinken etwas essen)*
e Fläsche hööle	eine Flasche leeren	
e Rundi zale	eine Runde ausgeben	

Getränke

	Haaneburger	Leitungswasser
	s Blööterliwasser, s Görpsliwasser	Mineralwasser oder Limonade mit Kohlensäurezusatz
(Sauser) junger Wein	**de Suuser**	leicht alkoholhaltiger roter Traubensaft
	de Chlöpfmoscht, de Nuttedisel	Champagner, Sekt
	Alk	Alhoholisches jeder Art
(Knallmost)	**s Cüppli**	Champagner im Glas
	en Absacker	Drink, Digéstif

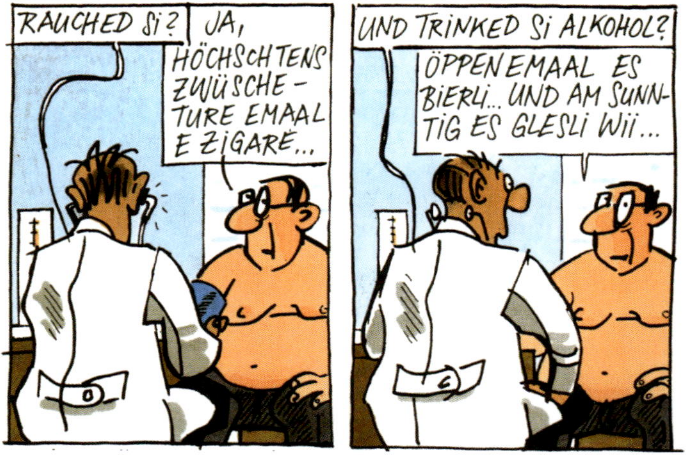

de Zapfezier	Korkenzieher	
s Deppo	Flaschenpfand	*(frz.* **dépôt** *= Aufbewahrung)*
de Koffeiin-Schuub	Kaffee	
de/s Kafi Creem	Kaffee mit Sahne	
d Schaale Gold	Milchkaffee	
de Kafi Luz, de Kafi fertig	Kaffee mit Schnaps gemischt	
de Kafi mit Siitewage	Kaffee mit Schnaps extra	*(Kaffee mit Seitenwagen)*
de Güx, s Kurvenööl	Schnaps	
gääch	stark alkoholhaltig	

Und das sind die üblichen Mengen:

d Guttere	Flasche
de Knirps, s Spezi	kleines Bier i. d. Flasche, meistens Spezialbier
d Stange, d Tulpe	kleines Bier vom Fass
es Grosses, en Halbe	großes Bier vom Fass (0,5 l)
de Römer, de Einer	0,1 l Wein im Glas
s Tschumpeli, de Zweier	0,2 l Wein im Glas
en Halbe	0,5 l Wein *(Offenausschank)*
de Gutsch	Schluck

... und die Folgen

echli füecht haa, beduslet sii, hööch haa, käppelet sii	beschwipst sein
de Spitz, de Dusel	Schwips
Öl am Huet haa	angetrunken sein
im Chrüzlistich laufe, es Fueder glade haa, mit runde Absätz heichoo	einen getankt haben, einen hinter die Binde gekippt haben
e Faane haa	nach Alkohol riechen, eine Fahne haben
e Chelle haa, d Chappe voll haa, e Schiibe haa	vollgetankt/ etwas geladen haben
abfüle	jem. abfüllen, betrunken machen

bsoffe, sackvole, sternehagelvoll	besoffen, sternhagelvoll	
versumpfe	in einer Kneipe hängen bleiben	
de Cheib, de Siech, de Chlapf, d Chischte, de Flade, de Suff, de Dampf, de Tirggel de Tiger, de Tolgge, de Balaari	Rausch, Suff	*(Gebäck)* *(Klecks)*
abgstürzt sii, en Hammer/ Ascht haa, en Tilt ide Bire haa	versackt sein, einen Kater haben	*(einen Tilt in der Birne haben)*

Am Schluss gehen wir im Morgengrauen, müde aber glücklich nach Hause:

chilled mers? simmer gschobe?
zupfed mer en? gäömer is Chörbli?

Ufs Hüsli gaa

Klo & Co

Wenn man das Klo, respektive das stille Örtchen sucht, darf man sich nicht nach dem „Bad" oder einer Möglichkeit zum „Händewaschen" erkundigen. Ebenfalls das Wort „Toilette" verstehen nicht alle. Lieber erkundigt man sich nach dem „WC“ oder, vor allem unter Freunden, eines der folgenden Wörter:

(*Dschibouti*)	**s Aabee, d Schiissi,* d Tschibuuti*, d Pisseria*, s Hüüslis, Öörtli, de Abtritt, s Schiishuus, d'Latrine, d'Keramik-Abteilig e Download-box**	Klo
	d Schiffi, d Pisseria	Pissoir
	bisle, brünzle, schiffe*, en Brune mache, e Stange stele*, brünele	pissen
	s Pipi, s Bisi, de Brune, de Brunz*	Pisse
(*kacken*) (*kegeln*)	**schiisse*, gagge, abseile, pfunde, pflocke*, es Pfund setze, chegle caca mache**	scheißen
	de Gagg, Gegel, Stink	Kacke
	de Dünnpfiff, de Lätter, de Schiisser*, de Tutswit	Durchfall, Dünnpfiff, Durchmarsch

Die folgenden Ausdrücke bedeuten alle „aufs Klo gehen“:

Ufs Aabee gaa
ufs Hüüsli gaa
eine go setze*

verschwinde	
eimal uussetze	*(einmal aussetzen)*
uusträtte	*(austreten)*
uf de Hafe gaa	*(auf den Nachttopf setzen)*
s Seichebergers aalüüte	*(Seichenbergers anrufen)*
s Eidächsli go mälche	*(Eidechsen melken gehen)*
e Sitzig haa	*(eine Sitzung haben)*
zum Herr Frei gaa	*(zu Herrn Frei gehen*
Kaktüss go pflanze*	*(Kakteen pflanzen gehen*
En Präsident wähle	
Abseile	

Begleiterscheinungen:

föike, fööne römisch heize, Häsch de Uhu ghöört?, en Fax übercho	furzen, einen ziehen lassen
Liecht im Chäller haa, d Apoteek offe haa	Hosenschlitz offen haben, *(Licht im Keller haben, die Apotheke geöffnet haben)*
d Brämsspur, de Picasso, Nutella	Rückstände in der Kloschüssel

Chrott im Hals

Krank sein und andere Zipperlein

Uf em Damm, uschper, zwäg	gesund, munter
e Chrott im Hals haa	einen Frosch im Hals haben
d Nase ruesse	sich schneuzen
de Pfnüsel	Schnupfen
trümmlig, stigelisinnig, sturm (im Chopf)	schwindlig
mudere	kränkeln
aagschlage	mitgenommen, benommen

Es lupft mi. Mir isch schlächt
Mir wird übel.

I ha Chopfweh/ Zaahwee
Ich habe Kopfschmerzen, Zahnschmerzen

wie aagrüert	plötzlicher Krankheitsausbruch	*(wie angeworfen)*
chotze, chiise, bogehueschte, chörble	kotzen, Fische füttern	
de Chreje rüefe	heftig erbrechen	*(Krähen herrufen)*
e Choder	Auswurf	
uusgsee wiene gchotzti Milchsuppe	blass/wie ausgekotzt aussehen	
en Blätz ab haa	Schürfwunde haben	*(ein Stück weg haben)*
en Stei haa	Kopfschmerzen haben *(v. a. nach Alkoholgenuss)*	
s Ranzepfiife	Bauchschmerzen	
s Herzpoppere	Herzklopfen	
d Herzbaragge	Herzinfarkt	*(Herzbaracke)*

„Krankheiten“ mit extremem Ausgang –sterben oder „gestorben werden“:

verräble	*(verenden)*
d Schruube mache	*(die Schraube machen)*
de Schirm zuetue	*(den Schirm schließen)*
d Kippi mache	*(die Kippe machen)*
de Lade abelaa	*(die Jalousien runterlassen)*
d Rüebli vo une aaluege	*(Rüben von unten ansehen)*
es hölzigs Pischi aahaa	*(einen hölzernen Schlafanzug tragen)*
de Löffel abgää	*(den Löffel abgeben)*

abmurxe
jemanden umbringen

mausee
tot, mausetot

Es hät en putzt.
Er ist gestorben/abgekratzt.

nicht identisch mit:

Es hät em eis putzt.
Er hat einen elektrischen Schlag bekommen.

Und das sind die Helfershelfer:

d Medi *(Abk.)*	Tabletten, Medikamente
de Chnochesammler	Ambulanz
uf de Schrage	auf den Operationstisch
de Chnocheschlosser	Chirurg, Knochenflicker

En schööne

die lockere Sprache des Alltags

Es folgt eine Sammlung weiterer allgemeiner Ausdrücke. Ich habe sie nach Themen sortiert.

begrüßen/verabschieden

halloo!, hoi!,sale!, sali!, salüü!, saletti	hallo!
tschäse!, tschau!, tschou!, tschüss!	tschüss!

Wichtig: **tschüss** usw. sollte man nur Leuten gegenüber gebrauchen, die man duzt! Sonst wird es als unhöfliche Anmache empfunden

Wie häsch es? Bisch zwääg? *(Bist du gesund?)*
Wie geht's?

Machs guet! Sii juu! *(engl.* **see you***)*
Bis bald!

Grüezi! Grüessech!
Grüeziwohl, Frau Bluemechohl
Guten Tag!

Adiöö! Adee! Uf Widergüx!
En Schööne! Ich mach de Fisch!
Auf Wiedersehen!

Haarz ade Chappe haa	nicht gerne grüßen
Duzis mache	sich gegenseitig das „du“ anbieten

Halt die Klappe!
Rutsch mir den Buckel runter!

(Erzähl keinen Kohl!) **Verzapf kän Chabis!**
Verzell kän Habasch/Habakuk!
Erzähl keinen Unsinn!
Verzapf keinen Blödsinn!

(Erzähl keine Märchen! **Verzell no! Verzell doch käs Määrli!**
Verkohl mich nicht!

	en schöne Seich,	Unsinn,
	en fertige Mischt,	Käse,
(Senf)	**Kafi, Sämpf ,**	Quatsch
(Töpchenkäse)	**Hafechääs ,**	
	Chabis,	
(Kohlkäse)	**Chabis-Chääs**	

Heb din Latz!
Heb d Schnure!
Bhalts für dich!
Heb s Muul zue!
Chlämm ab!
Halt die Klappe! Schnauze!

(auf der Schnauze hocken) **uf de Schnure hocke**
schweigen

Folgende Sprüche stellen eine reine **Abfuer** (Absage) dar:

Blaas mer id Schue!
(Blas mir in die Schuhe!)

Chasch mer blööterle!
(Du kannst mir trödeln!)

Stecksch en Stäcke dezue!
(Steck einen Stab dazu!)

Chasch mer an Ranze hange!
(Du kannst mir am Bauch hängen!)

Chasch mer pfiiffe!
(Du kannst mir pfeifen!)

Rutsch mer de Puggel ab!
(Rutsch mir den Buckel runter!)

Hau ab!

Faar ab! Hau ab! Haus!
Hau ab! Zieh ab! Zieh Leine!

Verpiss di!* Zienen! Schieb ab!
Verreis! Zisch ab! Haus in Chübel!
Zupf si! Zie Fäde!
Verpiss dich!

Lupf emal s Füdli! Mach echli!
Los! Beeil dich! Komm in die Gänge!

(use) buxiere	(hinaus) befördern, rausbuxieren
abblitze laa	auflaufen lassen
abwimmle	abwimmeln
springe laa	gehen lassen, ziehen lassen
abschliiche, abzottle, abspringe	abziehen, abdampfen
abdampfe (ab)tuube, verreise, abzische	abhauen, abzischen

Er isch ab.
Er ist abgehauen.

uf d Kurve gaa
aus einem Gefängnis entweichen

Ärger machen/haben

en suure Stei mache	schlecht gelaunt sein, saure Miene ziehen	*(einen sauren Stein machen)*
hässig, muff	schlecht gelaunt	
de Chopf mache	verärgert sein	
uf de Wecker gaa	belästigen	
verschnupft sii	beleidigt sein	
de Fruscht haa	frustriert sein, Frust haben	
uf de Zaa gaa	auf die Nerven gehen	*(auf den Zahn gehen)*

Es hät mer abglöscht/abgstellt/uusghänkt.
Mir isch de Rollade abe.
Ich bin frustriert. Es hat mich umgehauen.

Mich schiists aa. **Mich schnägglets aa.**
Mich gurkts aa. **Mich quarkts aa.**
Mich chotzts aa.
Es stinkt mir. Es kotzt mich an.

d Läck-mer-am-Arsch-Stimig
miese Laune

Das mag mi.
Das trifft mich hart.

uusraschte, uusflippe	sich grün und blau ärgern	*(ausrasten)*
en Lätsch, e Zwänzgabachtischnure, e Schnuute zie	Null-acht-fünfzehn-Gesicht	

begreifen, verstehen, kapieren

Um Schweizerdeutsch zu verstehen, braucht es etwas Übung. Vor allem muss man sich an den Tonfall und an die besondere Aussprache gewöhnen. Man braucht sich aber nicht zu scheuen nachzufragen, wenn man etwas nicht verstanden hat.

	erlicke, schalte	begreifen, schalten
	druus-choo, wüsse wie s lauft	durchblicken
(nachkommen)	**naachoo**	verstehen, folgen
	gfitzt sii	schlau, gewitzt, pfiffig sein
(frz. **à jour** *= auf dem laufenden)*	**a schuur**	„up to date“, informiert sein
(etwas auf der Kiste haben)	**öppis uf de Chischte haa, hell uf de Platte sii**	hell(e) sein, Grips haben
	s Gschpüüri	Spürsinn
(spannen)	**spane**	ahnen
(die Flöhe husten hören)	**d Flöö hueschte ghööre**	das Gras wachsen hören
(zehn Meter in Windrichtung sehen) (vom Schiff aus sehen)	**zää Meter gäg de Wind gsee, vom Schiff uus gsee**	sonnenklar sein

(engl. **to check** *= übereinstimmen)*
Tscheggsch es? Stiigsch? Schnallsch es?
Verstehst du? Schnallst du das?

(engl. **puck** *= Spielscheibe beim Hockey)*
Tscheggsch de Pögg?
Blickst du da durch?

Dä Zwänzger isch abeghejt.
Der Groschen ist gefallen. *(Die 20-Rappen-Münze ist runtergefallen.)*

de Chnopf uuftue	endlich begreifen	*(den Knoten aufmachen)*
en Chnopf ide Leitig haa, sibenevierzg Meter Kabel bruuche	sehr langsam begreifen, schwer von Begriff sein	*(einen Knoten in der Leitung haben, 47 m Kabel benötigen)*
schwüme, Baanhoof verstaa	nichts verstehen, Bahnhof verstehen	*(schwimmen)*
am Hang sii, wienen Esel am Berg sii	völlig ratlos sein	
hine und vorne nöd druus-choo, hinderem Mond sii	überhaupt nichts verstehen, vom Mond sein	
kei Blässi/ kän Blasse haa, kän Hochschii/ Schimmer haa	keine Ahnung haben, keinen blassen Schimmer haben	*(Hochschein)*
underbeliechtet, chrüztumm, geischtig underernäärt/ obdachlos	sehr dumm, stupid, blöde	*(kreuzdumm)*
nöd uf föif chöne zele	nicht bis drei zählen können	*(nicht bis fünf zählen können)*
verschwitze	vergessen	

Klar wie Güle!
Klar wie Kloßbrühe! (= unklar)

Handglänk mal phii *(Handgelenk mal Phi)*
über den Daumen gepeilt

Das schläckt kei Geiss weg!
Daran ist nichts zu rütteln!

zustimmen/ablehnen

Abgmacht? Aslig, Bündig, mis Indianer-Ehrewort
O. K.?

(Ist gebucht!) **Isch buechet!**
O. K.! Abgemacht! Gebongt!

abmache	vereinbaren
scharf sii	erpicht sein

Merssi!
Danke!

echli	ein wenig
gar nöd	überhaupt nicht

gäll?
nicht?

En füechte (Dräck)!
Nichts!

Chasch mi filme!
Ohne mich!

Es langt jetzt!
(es ist genug Heu unten) **Es isch gnueg Heu dune!**
Es reicht!

Es liit dine.
Es geht gerade noch.

Das chunnt mer gschliffe!
Das kommt mir gerade Recht!
Das hat gerade noch gefehlt!

Das chunnt uf ... aa.
Das ist abhängig von ...

Das bringts nöd.
Das hät kän Spitz.
Es hat keinen Zweck.

	zleid	zum Trotz
	bocke	trotzen, bocken
	zwängle	trotzen, erzwingen
	verboret	stur, verbohrt
(eine dumme Schnauze haben)	**uufmuxe, e Tummi haa, en tumme Latz haa, stänkere, e tummi Schnure haa**	aufbegehren, stänkern, nörgeln
	eim am Züüg umeflicke	nörgeln, herummäkeln
	uusrüefe, motze, meise, bäffzge, rüssle, pfuttere	sich beschweren, motzen
	tue wienen Sidiaan, sirache	toben
	d Motztante, de Obermotzi	Person, die sich oft beschwert
	de Plaaggeischt	lästige Person
	d Manii	fixe Idee
	d Marotte, d Masche, de Spliin	Masche, Tour
	süffisant	herablassend, von oben herab
	s Tupee	Unverfrorenheit
	schnodrig	blasiert, von oben herab

erstaunt sein

(Da gehst du runter!) **Da gasch abe!**
Da staunst du aber!

Wirsch hindere gsträäle t!
Das haut dich um!
(Da kämmt's dich nach hinten!)

Da ghejt der de Chiefer abe!
Da fällt dir nichts mehr zu ein!
(Da fällt dir der Kiefer runter!)

Da stuunsch Bouchlötz!
Da staunst du aber Bauklötze!

Das git mir öppis!
Da bist du sprachlos!

Säg nüüt! Weisch wie! Da schellts di!
Das haut dich um! *(Ausrufe des Erstaunens)*
(Sag nichts! Weißt du wie! Da wirst du geschält!)

druusbringe
stören, verwirren

vergelschteret
verwirrt

Das haut eim de Nuggi use!
Das schlägt dem Fass den Boden aus!
(Das schlägt dir den Schnuller raus!)

egal!/keinProblem!

wurscht	egal, wurscht
schnurz	piepegal
schiisegliich	scheißegal
futiere	auf etwas pfeifen, sich nicht kümmern

(frz. ***se foutre****)*

O Blasius! Pfiiffeteckel!
Ich pfeif' drauf!

Spaß haben

	Sprüch riisse, fuul sprütze	Sprüche klopfen
	zum Plausch, us Plausch	zum Spaß
	d Furzidee, d Schnapsidee	Schnapsidee
(engl. **gag***)*	**d Chalberej, de Gääg, de Jux**	Kalberei, Streich, Witz, Gag
	s Alpechalb, s Kompaniichalb	Spaßvogel
	grööle, gigele	lachen
	zum hoorne, (sau) glatt	lustig, zum schießen

Da lachsch di chrumm!
Da lachst du dich kaputt!

(schallen)	**de Ranze voll lache, en Schranz lache, schale**	sich kaputt lachen, sich totlachen
	verchiise, verchlöpfe, verjage, verjätte, vertätsche (vor Lache)	bersten vor Lachen
	fuxe, aazünde, hööch, nää, föpple, uufzie	necken, foppen, hochnehmen
	s Chalb mache, s Chalb ablaa, Seich mache	Unsinn anstellen, den Kaspar spielen
	en Seich aagää	belügen, schwindeln, Quatsch erzählen
	göisse	laut lachen, heraus-platzen

Glück/Pech gehabt

es Affeschwein haa	Riesenglück haben, noch mal Schwein gehabt haben
Schwein haa	Schwein haben
de Fride haa	zufrieden sein
uufgstellt sii, guet druff sii	gut drauf sein, gut gelaunt sein
de Föifer und s Weggli haa, „Figgi und Müli haa“	alle Vorteile ausnützen
uf d Äscht uselaa	es wagen

(den Fünfer und das Brötchen haben, „eine Doppelmühle haben“)

Folgende Redewendungen stehen alle für „Pech haben“:

alt uusgsee	alt aussehen
im Schilf staa	im Schilf stehen
näb de Schue staa	neben den Schuhen stehen
id Schiissi lange*	in die Scheiße greifen
zweite mache	Zweiter sein
flach usechoo	flach herauskommen
iiluege	einschauen

Und weiter:

usefuule	ausscheiden
am Hang sii	in der Patsche sitzen
en Schue voll usezie	versagen
abverheje	misslingen
verchauft sii	ausgeliefert sein

(beim Wettbewerb)

(einen Schuh voll'rausziehen)

	verschupft	ausgestoßen, verstoßen, beiseite geschoben
	id Hose gaa	schief gehen, in die Hose gehen
(auf die Welt kommen) (mit abgesägter Hose dastehen)	**uf d Wält choo, mit abgsaagete Hose daastaa**	eine unangenehme Überraschung erleben
	in Hammer laufe	ins Messer laufen

Seeleschmätter, de Moraalisch, d Morelli haa
Depression haben, den Moralischen haben

Das plagt mi.
Das lässt mir keine Ruhe.

(eine Mühe haben)	**chnorze, am gniete sii, es Gniet haa**	etwas im Kopf herumwälzen
(ein Gewirr in der Birne haben)	**es Puff ide Bire haa**	nicht klarkommen
	sich hindersinne	sich schwere Vorwürfe machen
	määgge, brüele, gränne	heulen

Ausdrücke für Pechvögel:

	es Zwei am Rugge haa	Pechvogel sein
(Pumpe)	**e Pumpi, e Fläsche**	Versager, Flasche
	en Brüelätsch	Heulsuse
	s Biibääbeli	Mimöschen

quasseln, brabbeln etc.

schnure, schwafle, palavere, lafere
schwatzen, schwafeln, quasseln

de Schnureploderi haa	reden wie ein Wasserfall	
uusbringe, uusplaudere	tratschen	
s Glafer, s Gschwafel	Geschwätz	
d Schnädergäx	Schwätzer	
d Puupi	loses Mundwerk	
über de Haag frässe	sich einmischen	*(über die Hecke fressen)*
driifunke	dreinreden, stören	
sin Rüssel driihänke	sich in ein Gespräch einmischen	*(seinen Rüssel dreinhängen)*
gaxe	stammeln	
giixe	quietschen	*(z. B. vor Lachen)*
es Seilzie	Diskussion	*(Seilziehen)*
is Gwüsse rede	gut zureden	
überschnurre	überreden	
mit sich rede laa	zu Kompromissen bereit sein	
z Bode rede	ausdiskutieren	
schnööde	spotten	
en Aaspilig	Andeutung	
aatöne, aaspile	andeuten	
es Gabaree mache	eine Show abziehen	
puupe, hööch aagää, uufschnide, blagiere, renommiere, gschwulle rede	prahlen, aufschneiden	

(engl. **player** *= Spieler)*

de Blöffsack, de Plejer	Prahler
giftle, giftsprütze	giftige Bemerkungen machen
göifere, spöize	keifen
d Giftsprützi	keifende Person
e groossi Rööre	großes/freches Maul
d Gele	gellende Stimme

klauen, stehlen, hintergehen

de Pschiss	Betrug, Beschiss
en abgcharteti Sach	ein abgekartetes Spiel
legge, verseckle, ineliime, lingge , filze, nüssle, schlitze	hereinlegen, überlisten, linken, leimen
uusriise	schnorren, nehmen
chluppe, filze, mugge, schnappe, schnele, chlaue, abstaube, abserviere	stehlen, klauen, abstauben
de Hinderüggsler, en faltsche Siech	hinterlistiger Mensch, falscher Fünfziger
de Bschiisscheib	Betrüger
de Uusriisser	Wucherer

arbeiten

Die Schweizerinnen und Schweizer arbeiten viel und haben im Schnitt vier Wochen Urlaub pro Jahr. Die regulären Arbeitszeiten sind relativ lang (meistens 42 Stunden pro Woche).

In der Schweiz wird sehr oft Teilzeit gearbeitet. Dies überwiegend von Frauen. Ein Grund dafür ist oft die fehlende Möglichkeit, die Kinder ausserhalb der Schule extern betreuen zu können. Vielerorts ist man daran, Tagesschulen einzuführen, damit Mütter die Möglichkeit haben, einer Vollzeitbeschäftigung nachzugehen.

Das ist der Ort des Geschehens:

d Büez, de Tschob	Arbeit	*(engl.* ***job****)*
d Buude, de Stole, s Gschäft	Betrieb, Arbeitsort	
di Zweiti Heimat	Die Zweite Heimat	
s Rössor	Geschäftsbereich	*(frz.* ***ressort*** *= Bereich)*
d Schröpfbuude	Ausbeuterfirma	

Vorgesetzte und Mitarbeiter:

de Patron	Chef, Meister	
Eine us de Plüsch Etage	Vorgesetzter im Kader	
De Vorturner	Der Vorturner	
de Büezer	Arbeiter	*(Näher)*
en Uhu	ein Unterhund	
e Perle	ein guter Mitarbeiter	
de Gango	Laufbursche	

Die Arbeit:

	d Schnupperleer	Probelehre
	d Schnällbleichi	kurze Anlehre
	de Tramp	festgefahrene Arbeitsweise
	d Seichaarbet, de Löölitschob	mühselige Arbeit
	en Türgg	harte Arbeit, mühsame Sache, unsaubere Geschäfte
	es Chrämpfli mache/riisse	unsaubere Geschäfte treiben
	e fuuli Tuur	eine unseriöse Sache, faule Tour
(engl. **deal** *= Handel)*	**en Diil mache**	eine Abmachung treffen

Die Arbeitsweisen:

(in den Stollen gehen)	**in Stole gaa**	zur Arbeit gehen
(engl. **to work***)*	**bügle, chnüttle, chrampfe, wörke**	arbeiten *(allgemein)*
(aus dem Ärmel schütteln)	**usem Ärmel schüttle**	alles mit links machen
(arbeiten)	**schäffele**	leicht arbeiten
(etwas drauf haben)	**eine druff haa**	schnell und exakt arbeiten
	aagfrässe sii	von einer Idee gepackt sein
(Mechaniker etc.)	**chlüttere, näggele, meche**	arbeiten
	chnoorze	sich abmühen
	schaffe wie vergiftet, morxe	schuften, malochen

GOPFERDECKEL, JETZ ISCH WIDER ALLES WEG !
WAS MACH I JETZ ? FRÖÖGE CHAN I JA NÖÖD, SUSCH BLAMIERI MI VOR DENE JUNGE SCHNUUFER US DE FIRMA
DASS DIE MICH AU NO IN SONEN KURS HÄND MÜESE SCHICKE – AHA, JETZ !
WIDER FALTSCH! – WÄNN ICH DÄNKE, DASS ICH EMAAL DE BESCHT GSII BIN IM KOPFRÄCHNE !!

	schaffe wienes Ross	schuften wie ein Ochse
	sich eine abchrampfe	sich abrackern
	schluuche	viel Arbeit aufbürden
(sich in den Arsch kneifen)	**sich in Arsch chlüübe**	sich aufraffen
(stressen)	**is rotiere choo, stresse**	mit der Arbeit nicht mehr nachkommen
(ins Schleudern kommen)	**is Schlüüdere choo**	ins Rotieren kommen
	haudere, jufle, heue	hastig arbeiten, pfuschen
(Doktor machen)	**de Tokter mache**	Mühe haben, viel zu tun haben
	mischle	über Beziehungen organisieren
	aateigge	in die Wege leiten, ankurbeln
	chüngele	austüfteln, ausklügeln

de ganz Bättel hereschmeisse
eine Sache aufgeben / hinschmeißen

Und damit muss man sich auch noch rumplagen:

	im Doppel	in doppelter Ausführung
	in Kompi inehacke, töggele	mit dem PC schreiben
(stempeln gehen)	**go stämpfle**	Arbeitslosengeld beziehen
	de Sudel	Entwurf
(Gekritzel)	**de Chribel**	Unterschrift
	d Kippi mache	Konkurs gehen
	umedirigiere	herumkommandieren
	schasse, speiche	entlassen

gange werde	einer Entlassung durch Kündigung zuvorkommen	*(gegangen werden)*
gschaffig	fleißig	
pendent	unerledigt	*(„hängend“)*

Und hier noch einige „Berufsbezeichnungen“:

de Bänkler	Bankangestellte(r)	
de Staatschrüppel	Beamter	
d Büroamsle, d Bürogumsle	Büroangestellte	
de Bürogumi, de Büroschangli, de Kafi-Verteiler	Büroangestellter, Bürohengst	
de Höörlifrässer, de Höörlidieb, de Guafför	Friseur	*(Haarfresser)* *(Haardieb)*
d Guafföös	Friseuse	
de Schuurni *(Abk.)*	Journalist	
de Strüüchli Guafför	Gärtner	
de Zügelmaa	Möbelschlepper	
de Chrüütlitokter	Naturheilarzt	
de Kompi-Freak, en Web-Stübeler en PC-Heini, en Silizium Mech	Informatiker	

Freizeit, Spiel

d Chlüüre	Murmel
s Trotti(nett)	Tretroller

	s Ritiplampi	Schaukel
(ital. **Boccia***)* *(frz. .* **Boule***)*	**Botscha, Buul**	Boccia
	s Kondi *(Abk.)*	Konditionstraining
	de Bölle	Ball
	tschuute	Fußball spielen
	de Gooli	Torhüter
	de Schiissitrichter de Schiri	Schiedsrichter
	de Jöggelichaschte	Tischfußballspiel
	jöggele	Tischfußball spielen
	schiine, carve	skilaufen
	carving	skifahren
	snööbe, board, schneesörfä	snowboarden
(bogenfahren)	**bögle**	in Bögen skilaufen
(Pfeife)	**Pfiife**	Skiabfahrt
(Gleiteisen fahren)	**schliif-isele**	eislaufen
	gleitschirmsäglä	Gleitschirmsegeln

Jass

Was den Deutschen der Skat, ist den Schweizern der **Jass.** Er ist sozusagen das nationale Kartenspiel. Es gibt unzählige Spielarten; am populärsten ist jedoch der **Schieber,** der von vier Personen gespielt wird. Dabei sitzen sich die Partner gegenüber. Die Gegenpartei kann somit den Spielverlauf ändern und neue Ausgangslagen schaffen.

Das Spiel umfasst vier Farben und Karten von der Sechs bis zum As. In der Westschweiz oder auch in der Region Bern spielt man mit „französischen" Jasskarten (mit den üblichen Farben Ecken, Herz, Schaufeln und Kreuz). In der Ost- und Innerschweiz benutzt man „deutsche" Karten, die statt einer Zehn ein Banner haben.

Die Königin wurde durch einen **Ober** ersetzt (der nichts mit einem Oberkellner zu tun hat!), entsprechend heißt der Bube **Under.**

Beide Kartensorten haben ihre eingefleischten Fans und ebensolche Gegner.

Es kann durchaus vorkommen, dass eine Spielrunde scheitert, weil ein Restaurant die falsche Kartensorte führt.

en Jass chlopfe	jassen
d Stöck	König und Dame oder Ober der Trumpffarbe
de Puur	Bauer oder Under, vor allem von der Trumpffarbe
de Schälegaggi	Schellenunder
s Näll	Trumpfneun
de Bock	Bockkarte *(Karte, die nicht mehr „gestochen" werden kann)*
de Gwafför, de Büüter, de Sidi Baraani, de Differänzler	verschiedene Jassarten

In einigen Gaststätten werden lokale Spielregeln vor der Eingangstür angeschrieben, z. B. ***„Stöck Stich Wiis".*** *Daran kann man erkennen, dass Jasskarten und Spielunterlagen erhältlich sind (natürlich nur leihweise). Auch das Jass im Internet erfreut sich grosser Beliebtheit, zum Mitspielen oder zum Zuschauen. Auf youtube kann man sich beispielsweise die Jassregeln erklären lassen oder online selber spielen. Ob man lieber mit oder ohne finanziellen Einsatz teilnehmen möchte, ist jedem selber überlassen. Im Schweizerfernsehen gibt es seit mehr als 50 Jahre die Sendung* ***dr Samschtigs-Jass*** *(der Samstags-Jass), wo Prominente miteinander spielen.*

	de Wiis	vier gleiche oder mindestens drei aufeinanderfolgende Karten
(engl. ***match*** *= Partie)*	**de Matsch**	die Siegerpartei erzielt alle Punkte
frz. ***revanche*** *= Rache, Vergeltung)*	**d Rövansch**	Rückspiel
(abräumen)	**abtische, abruume**	viele Punkte machen
	verwerfe	Unwichtige Karte spielen, wenn die Gegenpartei die Runde gewinnt (sticht). Runde gewinnt (sticht). *Dadurch können sich die Partner indirekt zeigen, in welcher Farbe sie stark sind.*
	Brättli Schlechte Karten	„Bretter, die die Welt bedeuten... ."
	vergää	Karten falsch austeilen
	Tschau Sepp!	Kartenspiel, das mit Jasskarten gespielt wird

Musik

	Hochalpe-Dixilläänd, de Ländler, de Hudigäggeler	schweizer Volksmusik
	d Guggemusig, Gugge	Musikgruppe des Karnevals
	s Gröllhalde-Saxofoon d'Chueflade-Sirene	Alphorn
(Speichelknüppel)	**d Guuge**	Blasinstrument

de Spöizchnebel	Blockflöte	
s Chlöpfschiit	Gitarre	
de Quätschbalke	Handharmonika, Handorgel	*(Quetschbalken)*
d Schnuregiige	Mundharmonika	*(Schnauzengeige)*
d Chuchi	Schlagzeug	*(Küche)*
de Platteleger	Discjockey	
lüpfig	beschwingt	*(Musik)*
en Gassehauer	fetzige Musik	
jödele, juchze	jodeln	
s Konsi	die Musikschule (Konservatorium)	

lernen, studieren

Schüler haben oft einen eigenen Slang, der von Schule zu Schule oder sogar von Klasse zu Klasse variiert. Um sich gegen rivalisierende Gruppen abzugrenzen, werden zudem immer neue Ausdrücke erfunden. Manchmal verbreiten sie sich allerdings in erstaunlicher Weise. Hier ein paar allgemeine Ausdrücke:

(Nachttopfschule)	**d Chegelischuel, de Chindsgi** *(Abk.)*, **d Gfätterlischuel, d Häfelischuel**	Kindergarten
(allgemein)	**de Intelligänzkiosk, d Schüelerfabrik**	Schule
	s Gimi, de Gimer *(Abk.)*	Gymnasium
(Oberstufe)	**d Sek/d Real** *(Abk.)*	Sekundarschule/ Realschule
	s Ex, d Proob	*(Abk. für: Examination)* Prüfung
	büffle	auf eine Prüfung lernen, büffeln
	stresse	viel zu tun haben, im Stress sein
	hirne	scharf nachdenken
	spicke	abschreiben
	sudle	unleserlich schreiben, schmieren
(einblasen)	**iiblase**	vorsagen, vorflüstern
	abschiffe, es Schwümmfäscht haa	schlechte Prüfung schreiben

chläme	Schule schwänzen, blau machen
gspickt werde, gspeicht werde	von der Schule fliegen
es Mopfer	ein Mobbing-Opfer

D'Ufzgi si Schoggi, meint,
dass die Hausaufgaben leicht seien.

Cha chuum chille, de Lehrer isch wider so psycho, u siis outfit abartig , meint,
Ich kann mich kaum erholen, der Lehrer ist wieder so gestört und seine Kleidung peinlich.

Die Notenskala, die die **Nooteschiisser** (Lehrer) zur Verfügung haben, reicht von Sechs (beste Note) bis Eins (schlechteste Note).

en Nagel	Eins	*(schlechteste Note)*
en Nagel mit Ländeschürzli	Eineinhalb	*(zweitschlechteste Note)*
en Abschiffer, Schiffbruch	schlechte Note	
dureghejt	nicht bestanden	*(Prüfung)*
en Eere-Rundi treje	nicht versetzt werden	*(eine Ehrenrunde drehen)*

A d Seck! *(An die Säcke!)*
Packen wir's an! Ran an die Bouletten!

bubiliecht	sehr leicht (Aufgabe), bubileicht
de Theek	Schulranzen
de Chugi *(Abk.)*	Kugelschreiber, Kuli

	d Proobeziit	Probe- /Bewährungszeit
(Abk. für: Legitimationskarte)	**d Legi**	Studentenausweis

spinnen, nicht durchblicken

Die folgenden Ausdrücke meinen alle „Spinnst du?“:

(Leidest du?)	**Häsch es Liide?**
(Arbeitest du sonntags?)	**Schaffsch am Sunntig? Spinnsch?**
	Häsch en Vogel?
(Hast du eine Vogelzucht eröffnet?)	**Häsch e Vogelzucht uuftaa?**
	Hätts di? Gaats no?
	Häsch en Flade? Häsch en Floo?
(Hast du einen Riss in der Schüssel?)	**Häsch en Sprung ide Schüssle?**
	Häsch en Tagg? Bisch tiggtagg?
(warmen Yoghurt in der Tasche)	**Häsch es waarms Jogurt im Hosesack?**
	Hätts der is Hirni gschisse?*

Hätts der is Hirni gschneit?	
Bisch dure bi root?	*(Bist du bei roter Ampel über die Straße gegangen?)*
Bisch weich? Bisch bireweich?	
Häsch en Knall (ide Bire)?	
Bisch Hugo? Bisch psücho? Bisch schizo?	
Bisch nöd ganz bache?	*(Bist du nicht durchgebacken?)*
Bisch nöd ganz piip?	
Bisch vollmorsch?	
Bisch nöd ganz hundert?	
Bisch nünenünzg?	
Bisch gstöpslet?	
Gspürsch de Föön?	*(Spürst du den Föhn? = Südwind)*
Spucksch/täggets bi dir?	
Häsch en Dachschade?	
Häsch e Pause?	
Bisch dure im Programm?	
Häsch en Tilt im Chaschte?	*(Hast du einen Tilt am Flipperkasten?)*
Häsch es Redli ab (en Zacke ab)?	

Verzell vo dim Unfall!
Erzähl mir von deinem Unfall!

Da chunsch Vögel über!
Da kriegst du Vögel!

Nöd all Chüeh of de Wise haa.
Nicht alle Tassen im Schrank haben.

chepps
verrückt, merkwürdig, schief

gstöörts
verrückt

Angst haben

	Schiss	Angst, Schiss
(Kacke in der Hose haben)	**de Biberi haa, de Gagg ide Hose haa**	Angst haben, Schiss haben
	de Schisshaas, de Hoseschiisser	Angsthase

kaputt, erschöpft sein

	Am Aschlag, Am Bode, durebi Rot, fix und foxi, uf de Schnure, uf em Hund, uf de Stümpe sii, schläbee, säckee	kaputt/ erschöpft sein
	tilt/amene Rumpf sii, uf de Felge sii, übere sii, en Tilt ide Bire haa	auf dem Zahnfleisch gehen
	de Pfau mache	schlapp machen
	Stalldrang haa	nach Hause gehen (wollen)
	verschnuufe	Pause machen
(engl. **to relax***)*	**riläxe**	entspannen
	undere gaa	ins Bett gehen

Ich haus is Näscht.
Ich gehe ins Bett/schlafen.

(am Kissen horchen) *(Liege machen)*	**pfuuse, bache, chnure, am Chüssi lose, es Liggi mache**	schlafen, an der Matratze horchen

d Pfane, s Näscht, d Fädere, d Spiilwise	Bett	*(Nest)* *(Federn), (Spielwiese)*
saage	schnarchen	*(sägen)*
umeblööterle, umeplämperle	Zeit vertun, rumtrödeln	
plegere, umeplegere	herumliegen, herumsitzen	
uf em Ranze ligge	sich rumfläzen, auf der faulen Haut liegen	
floone	faulenzen	
de Flooner	Drückeberger, Faulenzer	
e fuuli Chrott es fuuls Pflaschter en fuule Sack	Faulpelz	*(faule Kröte)*

Muul zue, es ziet!
Maul zu, es zieht!

Blaue mache, schwänze
krank feiern, blau machen

Körperteile

de Stei, d Nuss, de Näggel, de Chürbis, de Pöli, d Büchs, d Bire, de Grind, de Gring,	Kopf, Schädel, Birne	
d Flüügeschliifi, en Deo-Roller	Glatze	*(Fliegengleitbahn)*

(Riechscheit) *(Gesichtserker)* *(Zinken)*	**s Schmöckschiit, de Gsichtserker, de Zingge**	Nase
(Suppenschlitz)	**de Latz, d Chlappe, d Schnure, de Suppeschlitz**	Mund, Klappe, Schnauze
(Gartenzaun)	**de Gartehaag**	Zähne
	d Pfoote, d Taape, d Chlaue	Hand, Pfote, Klaue
(Kohlblätter)	**d Chabisbletter, d'Lööfel**	Segelohren
	d Friise	Frisur
	d Butzfäde, de Zopf, s Moos, d'Fäde	Haar
	d Fransle *(Mz.)*	Pony (-fransen)
(Trommel) *(Wohlstandsbeule)*	**d Pauke, de Ranze, d Trummle, d Woolstandsbüüle**	Wanst
(Hähnchenfriedhof)	**de Bierbuuch, de Güggelifridhoof de Pirelli**	Bierbauch, Schmerbauch
	d Chlüppli, d'Tööpe	Finger
(Puckel)	**de Puggel**	Rücken
	d Schejche	Bein, Schienbein
	d Haxe, d Flosse	Fuß, Flosse
	d' Chlappe, d'Brotlaube	Mund; Nase
	brandmager	spindeldürr
	d Hüenerhuut	Gänsehaut
	d Märzetüpfli	Sommersprossen
(engl. ***face****)*	**s Fejss**	Gesicht
	s Füdli, s Fudi, de Südpol, s Dampfschiff, en Arsch wie-ne Vierzimmerwohnig	Hintern, Po

Zuhause

d Buude, d Loosche	Wohnung, Bude	*(Loge)*
d Hütte	Haus, Hütte	
de Gade, de Schopf	kleine Holzhütte	
de Schlaag	Wohnung, Zimmer	
d Winde, de Estrich	Dachboden	
d Zinne	Dachterrasse	
d Stäge	Treppe	
d Türfalle	Klinke	
s Brüneli, s Lavabo	Waschbecken	
de Schüttstei	Ausguss	
de Chaschte, de Schaft	Schrank	
d Bire	Glühlampe	
d Gschirrwäschmaschine, d Abwäschmaschine	Geschirrspüler	
s Glettise; glette	Bügeleisen; bügeln	
d Ständerlampe	Stehlampe	
zügle	umziehen	
d Züglete	Umzug	

s Chuchichäschtli (Küchenkästchen) ist das Paradewort, um das schweizerdeutsche **„ch“** zu üben. Generationen von Touristen aus Japan und den USA haben sich bereits damit abgemüht.

(Un)Ordnung

s Chrüsimüsi, s Mischmasch	Mischmasch, Durcheinander
s Puff	Unordnung, Stress, viel Arbeit
d Uuslegioornig, de Verlag	Unordnung
de Grümpel	Krempel
de Güsel	Müll
de Mischtchübel	Mülleimer
d Gugge, de Papiirsack	Tüte
d Trucke	Schachtel
de Lumpe	Lappen
verlotteret, lotterig	verwahrlost, lose, klapperig
(verhühnern) **verhüenere**	verlegen
uufbiige	stapeln

d Biig, d Biigi	Stapel
de Fläre	Fleck
lättere	klecksen
versorge, verruume	aufräumen, ordnen
(uuf)puffe	aufräumen
büschele	ordnen
schruppe, butze	reinigen

Wetter

iitunkle	dämmern	*(eindunkeln)*
tüppig	schwül	
seichwaarm	lauwarm	
strääze	Bindfäden regnen	
fiserle	nieseln	
es chuttet	es stürmt	
es Hudelwätter, es haglet Chatze	schlechtes Wetter	
de Schiff	Regenguss	
de Blaascht	Sturm	
de Pflotsch	Matsch, auftauender Schnee	
seichnass, bachnass, plotschnass	klitschnass	
heidechalt	saukalt	
bibere	frieren, bibbern	
aaper	schneefrei	
de Schärme	Schutzdach, Unterstand	
d Wächte	Schneeverwehung	

Es hudlet.
Es schneit (Schauer).

Es schiffet/pisst*.
Es schifft. Es pisst.

Es rünnt.
Es schiffet us allne Chübel.
Es gießt aus allen Kübeln.

Es schiffet was s abemag.
Es seichet wiene Moore.
Es schifft, was das Zeug hält.

Redewendungen

Die sölled das mitenand uusjasse.
Sie sollen sich selber einigen.

(Die sollen dies zusammen ausjassen.)

kä Händ und Füess haa	nicht fundiert sein	*(nicht Hand noch Fuß haben)*
id d Zange nää	gründlich prüfen	*(in die Zange nehmen)*
e langi Nase mache	auslachen	*(eine lange Nase drehen)*
s Fueder überlade	des Guten zuviel tun	*(den Heuwagen überladen)*

Es muess öppis gaa.
Es muss was geschehen.

Es gaat weg wie frischi Weggli.
Es findet reißenden Absatz.
Es geht weg wie warme Semmeln.

(Es geht weg wie frische Brötchen.)

öppis ad Hand nää
sich einer Sache annehmen

(etwas zur Hand nehmen)

Dä/die hät alli abtröchnet!
Er/sie hat alle in den Schatten gestellt.

(Der/die hat alle abgetrocknet.)

Da chasch Gift druff nää!
Das ist bombensicher!

(Da kannst du Gift drauf nehmen!)

Du bisch min Sargnagel/min Untergang!
Du ruinierst mich!

(auf der Nase rumtanzen)	**ade Nase umefüere**	an der Nase rumführen
	uf de Nase umetanze	zum Besten halten
(vor deiner Nase)	**vor dinere Nase**	genau vor dir

Nimm di ade eigne Nase!
Fass dich an deine eigene Nase!

(Feg vor deiner eigenen Tür!) **Wüsch vor de eigne Türe!**
Du bist auch nicht besser, du hast nichts zu sagen!

(Es tut sich was.) **Es isch öppis im tue.**
Es geht los!

(Es läuft was.) **Es lauft öppis. Es gaat öppis.**
Es wird etwas getan.

(die Kurve kriegen) **de Rank finde**
zurechtkommen

(Da öffnen sich deine Schuhriemen!) **Da gönd der grad d Schuebändel uuf!**
Da staunst du Bauklötze!

(einen Tintenklecks im Schulheft haben) **en Tolgge im Reinheft haa**
Schande machen

De/die isch imstand und macht das!
Ihm/ihr ist das völlig zuzutrauen!

(Da bleibt dir der Atem weg!) **Da gaat der de Schnuuf uus!**
Da bleibt dir die Spucke weg!

über d Schnuer haue	ausgelassen feiern, übertreiben, über die Stränge schlagen	*(über das Seil schlagen)*
en Stei im Brätt haa	bei jemandem gut an kommen	*(einen Stein im Brett haben)*
en Stei in Gaarte rüere	einen Gefallen tun	*(einen Stein in den Garten werfen)*

Das isch em in Chopf gstige.
Dem isch s Gäld in Chopf gstige.
Der ist größenwahnsinnig geworden.

es Büro uuftue, es Gschiss ablaa	viel Aufhebens machen	*(ein Büro eröffnen)* *(Gescheiße ablassen)*
usem Ärmel schüttle	leicht fallen	*(aus dem Ärmel schütteln)*
dur s Band weg	ohne Ausnahme, durch die Reihe	

Das hät jetzt öppis bruucht!
Das dauerte aber!

uf öpper allergisch sii,
auf jem. allergisch sein

s Heu nöd uf de gliiche Büüne haa
jemanden nicht ausstehen können
(das Heu nicht auf dem selben Heuboden haben)

Das bringts nöd. Das hät kän Spitz.
Das hat keinen Zweck.

Da gits nüüt z hueschte.
Da gibt's nichts auszusetzen.
(Es gibt nichts zu husten.)

(Hast du Würste in den Ohren?) **Häsch Schüblig ide Oore?**
Hörst du schlecht?

(ein Hühnchen rupfen)

öpper in Sänkel stelle	jemanden schelten
es Hüenli rupfe	zur Rede stellen

(Mach mich nicht fertig!) **Mach mi nöd fertig!**
Lass mich in Ruhe! Bleib mir vom Leib!

(Der/die kennt jetzt nichts.) **De/die kännt jetzt nüüt.**
Der/die geht aber ran!

(Da bist du verkauft!) **Da bisch verchauft!**
Da hast du keine Chance!

Es isch mer verleidet.
Da chunnsch de Verleider über.
Ich habe keine Lust mehr.

(Hat es dir auf die Mütze geschneit?) **Häts der uf d Chappe gschnejt?**
Bist du enttäuscht?

Henne-, Hüüne-, Megaguet

super, spitze, affengeil

Hier eine Sammlung von Begriffen, die Positives, manchmal Übersteigertes ausdrücken wollen:

verruckt, saagehaft,	super,
waansinnig, gääch,	verrückt,
(ober)affegeil, geil,	sagenhaft,
hüüneguet, henneguet, megaguet	spitze,
hüperguet, soliid,	bombig,
feudaal	gepflegt,
d Bombe,	cool,
de Waan, süttig, flippig,	spitze,
gedige, cuul, perfekt	perfekt,
gepflegt, genial,	sauber
filmriif, spitzig, gschärft, sackstarch, salonfähig, tierisch, grausam, en/de Riisser, (irr)läss, e suuberi Sach	etc.
jeens *(Ez.)*	viel, massenhaft,
jeeni *(Mz.)*	jede Menge
jeenschti *(Mz.)*	gesteigerte Form von **jeeni**

(z. B.: ***jeens Piipel, jeens Volk, jeeni Lüüt*** *= eine ganze Menge Leute)*

Das haut/fägt!
Das ist super! Das bringt's!

Das isch die Schou / de Hit!
Das ist die Show/der Hit!

Schitter, Hool und Faad

blöde, dooof

faad	langweilig, öde
stier, hool	doof
soublöd	saudoof
leid	übel, hässlich
sackschwach, schitter	mies, Scheiße
en Seich	Mist
zum chotze	ekelhaft
priiv *(Abk.)*	primitiv
gschisse, verschisse*	lausig
am Arsch	futsch, kaputt
s hinderletscht, en müede Furz	das Letzte
denäbe, näbed de Schue	daneben, deplaziert
stock-...	sehr (im Zusammenhang mit „negativen" Eigenschaftswörtern)
stocksuur sii	total sauer sein
himmeltruurig, verheerend, Schmalspur	schlimm

penibel
peinlich

müesam
unangenehm

Das isch jensiits.
Das ist absurd.

en Heisse
heikle Angelegenheit

Das stinkt zum Himmel.
Das isch ober-/stinkfuul.
Da chlämmt öppis.
Da ist was faul.

(Da klemmt was.)

Flüche und Ausrufe

gopf, gopfertoori, gopferteli, gopferteckel, gopfridstutz, gopfridli, vertami, verchlemmi	Verdammt!
Schitt!, Schiissdräck!	Scheiße!
Hueresiech*!, Schiissebach!	Mist
Läck! Läck mir!, Läck Beck!, Heilige Bimbam/Stroosack!, heiligs Verdiene!, heilige Faane!, sternesiech!, sterneföifi!, sternecheib!, sternehagel!, zum Dunner!, Dunnerhagel!, verbrännti Zeine!, verbrännte Cheib!, verreckt!*, Heilandsack! * heilige/verreckte Siech!*	Leck mich! Leck mich am Arsch! Verdammte Scheiße! etc.

*(**gopf** ist eine verstümmelte Form von „Gott vedammt!“)*

*(engl. **shit** = Scheiße)*

de Globi und de Familieschluuch

Die Familie, Globi und ein paar Schimpfwörter

Schimpfwörter eröffnen ein weiteres großes Gebiet des Slangs, der keine Schranken kennt. Die Skala reicht von Bezeichnungen für große und kleine Leute, für Alt und Jung, für „ihn" und für „sie" bis hin zu Bezeichnungen für „Naivchen" und „sturer Bock".

für Fremde

Aufgrund des Dialektes, die ein Schweizer spricht, lässt sich oft feststellen in welcher Gegend der Schweiz der Betreffende zu Hause ist.

Zunächst einmal grenzen sich die Schweizer gegen die anderen Schweizer ab: Fremdi Fötzel sind erst mal alle, die nicht aus dem eigenen Dorf stammen.

Mehr Schwierigkeiten haben aber Landsleute, die nicht Deutsch sprechen. Die Sprachgrenze zwischen den **Welschen** oder **Romans** (das sind die französisch Sprechenden) und der Deutschschweiz wird deshalb scherzhaft **Röschtigrabe** genannt.

Rösti *ist eine typisch deutschschweizerische Kartoffelspeise. (vgl. Kapitel Essen)*

Globi ist von „Globus“, dem Namen einer Kaufhauskette, abgeleitet. Globi ist eine beliebte Kinder-Comicfigur. Die Globi-Bücher wurden in viele Sprachen übersetzt und in der Schweiz gibt es einen Globi-Verlag, der Bücher über Globi publiziert. Da Globi aus der Familie der Papageien stammt, ist auch der Ausdruck Globivogel oder einfach Globi (Witzbold) im Umlauf.

***Globi** ist ein Eigenbrötler. Er machte als Firmen-Maskottchen das Warenhauses Globus Furore.*

Hier eine reichliche Auswahl von abfälligen Ausdrücken, deren Wirkungen man aber besser nicht ausprobieren sollte:

für Männer

de Mano, de Tüpp	Mann, Typ	*(Typ)*
de Pinggel	kleiner Kerl	*(Pinkel)*
de junge Trüübel, de junge Schnuufer, de Schnuderi	junger Spund	
de Schutzli	Schussel	
de Lappi, s Chüechli, de Chümi	Dummerchen, Lappen	
de Glöggliböögg, de Moschtchopf, s Mondchalb	Narr	*(Schellennarr)*
en Halbschlaue	Trottel	
de Tubel, de Halbschue, de Doofmään, d Fluusche	Flasche, hohle Nuss, Dummkopf	*(Halbschuh)*

	de Suppelööli, de Löffel, de Lööli, de Glünggi, de Doocht	Dummkopf
(quadratische Banane)	**e viereggigi Banaane, de hool Püggel**	Banane, Dusseltier
	de Fötzel, de Hundscheib, de Glunnggepuur	Lump, das Allerletzte
(Dachrinnensäufer) *(Porreestange)*	**de Fätze, d Boonestange, de Dachchänelsuufer, de Lauchstängel, de Stüürchel**	Hüne, langes Elend, Bohnenstange, langer Lulatsch
	de Spränzel, de Mägerlimuck	Spargeltarzan, schmales Hemd
	de Dicksack	Fettsack
	de Ruech, de Holzbock	grober Mensch, Rüpel, Flegel
(Jauchebauer)	**de Gülepuur**	unordentlicher Mensch
	de Wixer*	Macker
(Stierkopf)	**de Munigrind, de stuur Bock, de Stieregrind, de Setzchopf, de Steckchopf**	Quadratschädel, sturer Bock
	de Tüpflischiisser	Pedant, Haarspalter
	de Bünzli, de Füdlibürger	Spießer, Kleinkarierter
	de Giftzwerg, de Ekelzwerg	Giftspritze, zänkischer Typ
(gestrickter Heiland)	**de glismet Heiland**	Sektierer, Frömmler

de Chupfer-Wulle-Bascht Tüpp, de Friik	Alternativler, Körnerfresser	*(Kupfer-Wolle-Bast-Typ)*

(Leimsieder)	**de Liimsüüder,**	Langweiler,
	s Laama,	Laschi,
	de Lamaaschi	Lahmarsch

Weitere Bezeichnungen für „Dummkopf, Trottel, Hanswurst, Quatschkopf, Taugenichts, dummer Hund“:

	de Quadraatschanggli	**de Fudimanggööggi**
(Kalbskopf)	**s Kamuff**	**de Chalbschopf**
	de Totsch	**de Gwaagichopf**
	de Tschumpel	**de Teiggaff**
	d Pinggel	**de Gaggalaari**
	de Tschooli	**de tumm Hagel/Hund**

Stärkere Bezeichnungen für „Armleuchter, Arschgesicht oder Idiot“:

	de Galööri	**de Dräckniggel**
(Arschgesicht)	**s Arschguutsi**	**s Füdligsicht**
	de Ghirn-Amputiert	**de Dräcksiech***
	de Armlüüchter	**de (Schaaf)Seckel***
	de Dräcksack	**de Siech**
	de Schiisskerl*	**s Aas**
	de Lumpehund	**s Arschloch im Quadraat***

für Frauen

s Beeri, d Chlüüre, **d Gumsle, s Guetzli** **d Zwätschge, s Tüpfi,** **s Bütschgi, d Scheese,** **d Schachtle**	einfältige Frau	
s Puurefööfi, **s Landei**	Landpomeranze, Naivchen	*(Bauernfünf)*
d Gluggere	Glucke	*(Henne)*
e dicki Pfunzle	dicke Frau	
s Tschigg	junge Frau	*(engl.* **chicken** *= Huhn)*
d Chräblichatz	Kratzbürste, Zicke	*(Kratzkatze)*
d Schleierüüle, **d Schreckschruube**	hässliche Frau, Schreckschraube	*(Schleiereule)*
e tummi Geiss, **d Chlefe,** **d Chleechue**	blöde Ziege, dumme Gans, Zimtzicke	
d Tschättere	dummes Weib	
s Riibise, s Räss	Keifliesel	*(Reibeisen)*

für Kinder

manchmal können Kinder ganz schön anstrengend sein. Dann werden sie von ihren Eltern oder Grosseltern, Tanten und Onkeln folgendermassen genannt:

d Chnöpf, d Goofe, **d Kids**	Knöpfe, Kinder	*(engl.* **kids** *= Kinder)*
de Sandchaschterocker,	Teenie	*(Sandkastenrocker)*

s Püggelgsicht	Pickelgesicht
de Schrejhals, de Brüelicheib	brüllendes Kleinkind
s Mamititti	Nesthäkchen
en chliine Pfüderi	Dreikäsehoch, Stöpsel
s Fägnäscht, de Gischpel	Zappelphilipp
de Luusbueb, s Luusmeitli, de Schnuderbueb	Rotznase, Lausbube
de Schmierfink de Wade-Bisser	Schmutzfink

Es dauert nicht lange, und der Nachwuchs bedenkt seine Mitmenschen mit folgenden Begriffen:

	de Aahang	Familie
(Regierung) *(Elstern)* *(die Alten)*	**di Regierig, d Elschtere, di Alte**	Eltern
(meine Alte)	**miini Alt**	meine Mutter/ Freundin/Ehefrau
(mein Alter)	**min Alte**	mein Vater / Freund/Ehemann
	Gotte und Götti	Patin und Pate
	en Familieschluuch	Familienzusammen kunft

Zum Abschluss noch ein paar Kosenamen, die in der Schweiz jederzeit und gerne für Sie und Ihn, für Alt und Jung gebraucht werden:

Ängeli, Anke-Flöckli, Goldchäfer, Müsli, Schnuggibuzzeli, Spätzli, Sunneschi, Tigi

Zäme e chugle schiebe

Zwischengeschlechtliches

Die große Anmache läuft beispielsweise in Discos, an Bushaltestellen oder auf flirt-Plattformen ab. Ein typisch schweizerisches Understatement ist das Sätzchen **„Ich ha di gern."** (Ich habe dich lieb), das „Ich mag dich", aber auch „Ich liebe dich" bedeuten kann. Hier kommt es auf die Körpersprache an.

verliebt, verlobt, verheiratet

(scharren)	**mischle, schare,**	anbaggern,
	eini scharf mache,	eine scharf machen
(aufreißen)	**uufriisse**	aufreißen
	d Mischlerej	Anmache
	s Gschleik	Affäre
	äugle	mit den Augen flirten
	schääkere	flirten, herumalbern
	taape, tööple, nööchperle	zudringlich werden
	füdele, höbele	schmeicheln
	abschleppe	abschleppen
	abgspängschtig mache	ausspannen
	abblitze laa	auffahren lassen, abweisen
	abspringe	nach einem Flirt abblitzen lassen

am Gängelband füere	kurz halten	
uf öpper staa	jmd. lieben, mögen	*(auf jemand stehen)*

Es hätt mer de Ärmel iegnoo.
Ich bin verliebt.

(Mir hat's den Ärmel 'reingezogen.)

verknallt, verschosse	verliebt
s' herzflattere ha, weichi Chnüü überchoo	verknallt, verschossen
über beidi Oore verliebt	bis über beide Ohren verknallt
gschliichig	„schlüpfrig" (vor allem für Männer, die sich auf unangenehm klebrige Art an Frauen ranmachen)

Es geht zur Sache:

blutt	nackt
füdliblutt	splitternackt
gääch sii, s Riisse haa, spitz / giggerig sii	heiß/geil sein
abschläcke *(verächtlich)*	knutschen, schmusen
hops mache	schwängern
öppis im Ofe haa, schwangeri Bergänte	schwanger sein
d Mens haa, Bsuech vode Tante Rosa haa d' Alperööslizit	Periode haben

de Pariiser, de Gummi, Verhüeter, de Presi, s Rägemänteli, d'Nahkampfpellerine	Kondom

Kondome gibt es in jedem Supermarkt oder online zu kaufen. Spezialgeschäfte bieten teilweise auch witzige und ausgefallene Modelle an.

Dann wird es etwas ernster:

(Zweierkiste)	**s Päärli**	Liebespaar,
	d Zweierchischte	Pärchen
	zäme sii, zäme e chugle schiebe	ein Paar sein,
(zusammen abschieben)	**mit öpperem gaa zäme schiebe**	zusammen gehen

Auch trennt man sich manchmal wieder:

(abhängen) *(den Schuh geben = treten),* *(im Regen stehen lassen)*	**abhänke, de Schue gää, Schluss mache, im Räge staa laa**	sich von jemandem trennen
	usenandgaa, gheje la wie en heisse Härdöpfel	sich trennen

WOTT HÜT S FRÖLEIN TOCHTER NÖD UUFSCHTAA?
ES ISCHERE SCHLÄCHT, SI HÄTT MÜESE BRÄCHE.
DIE ISCH DOCH NÖD ÖPPE SCHWANGER ?!
JESSES! MEINSCH?!
GSEESCH, DAS HÄSCH JETZ DEVOO! DU HÄSCH DINERE TOCHTER DIE KNALLÄNGE JEANS ERLAUBT !!!

„er“ und „sie“

min Lover,	mein Freund, Lover, Typ, Kerl
de Stürmi	Draufgänger
de Glüschtler, de Umehueri, de Luschtmolch	geiler Bock, Lüstling, Lustmolch
de Stänz	Zuhälter
de Taapi	Zudringling
Muus, Müüsli	Liebling, Schatz, Mäuschen
de Schnüggel, de Schnuggi	Schnucki, Schatz
de Aahang	Anhang
d Chatz, de heiss Ofe, d Schabe, d Superschabe, de Sexproviant	Katze,steiler Zahn Mieze
(Knastfleisch) **s Chefifleisch**	Jugendliche, die sich noch im Schutzalter befinden
d Schixe, d Asfaltschwalbe, d Randsteiamsle, d Flööte	Nutte, Asphaltschwalbe
d Zupfstube	Bordell, Massagesalon

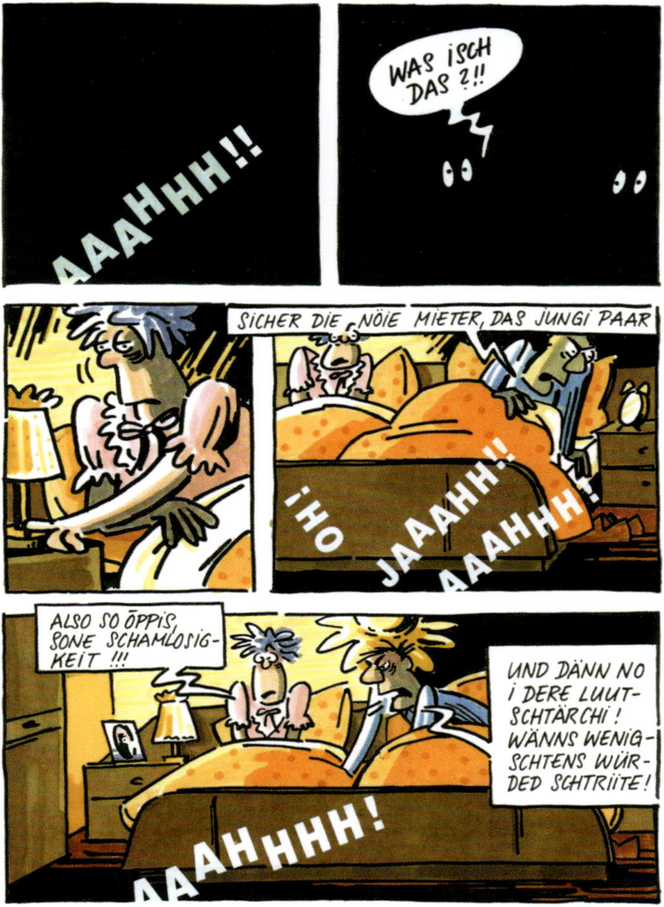
AAAHHHH!!
WAS ISCH DAS ?!!
SICHER DIE NÖIE MIETER, DAS JUNGI PAAR
OH!
JAAAHH!!
AAAHHH!
ALSO SO ÖPPIS, SONE SCHAMLOSIGKEIT !!!
UND DÄNN NO I DERE LUUTSCHTÄRCHI! WÄNNS WENIGSCHTENS WÜRDED SCHTRIITE!
AAAHHHHH!

die Geschlechtsteile

Er hat:

(Murmeltasche)	**de Chlüüresack**	Sack
(Schellen)	**de Seckel, d Schäle**	Eier, Glocken
(Ständer)	**de Ständer,**	Latte, Ständer
(Steifer)	**en Stiife**	
	de Günggel,	Schwanz
(Riemen)	**de Rieme*,**	
	de Schwanz,	
(Schnäbelchen)	**s Schnäbi,**	
(Pfeife)	**d Pfiife,**	
	Pimmel,	
	Prügel,	
	s Familieglück	

Sie hat:

	De Summer Balkon,	Vorbau,
	de Milchlade	Glocken
	s Fallobscht	Hängebusen
	d Chnüüschoner	
(Schnecke)	**de Schnägg**	Möse
	de Büschel	
	s Vrenelis Gäärtli	Venushügel
	de Sosseschlitz	Scheide
	de Zigerschlitz	

Die schönste Nebensache der Welt

Hier sind Ausdrücke für die schönste Nebensache der Welt:

Sich enthösle,	*(ausziehen)*
vergnussnipfle,	
schnaagsle,	
sattle,	
s Gipfeli tünkle,	
öpper vernasche,	
zwitschere,	
öpper flachlegge,	
bümperle,	
bumse,	
id Vogelbüsch go hasle.	

Somit wäre man im intimsten Bereich des Schweizers, der Schweizerin angelangt. Mischehen werden in der Schweiz übrigens oft und freudig eingegangen. Laut Angaben des Bundesamtes für Statistik wurden im Jahr 2015 ein Drittel aller Ehen zwischen Schweizern und Ausländern geschlossen. Die Präferenzliste wird von Deutschland (dies gilt für beide Geschlechter) angeführt.

Literaturhinweise

Die hier genannten Bücher/Schriften sind nicht über den Reise Know-How Verlag Peter Rump GmbH erhältlich.

Es gibt für alle wichtigen Dialekte Wörterbücher, die laufend überarbeitet werden. Am umfassendsten informiert das folgende Standardwerk, das bereits in der 39. Auflage erschienen ist:

Chuchichäschtli. Schweizerdeutsch Büchlein / Schwiizerdütsch Büechli Swissgermanbook Verlag, 2016.

Weitere Bücher:

Dörig, Urs:
Schweizer-Deutsch für alle.
Die 1000 gängigsten Wörter Redensarten-Kommentare-Witze. Sidus-Verlag, 2008.

Egger, Nicole / Sergio J. Lievano:
Das neue Hoi Zäme. Schweizerdeutsch leicht gemacht. Basel: Schwabe AG, 2016.

Gallmann, Heinz:
Zürichdeutsches Wörterbuch.
Zürich: Verlag Neue Zürcher Zeitung, 2014.

Kleiner Sprachatlas der deutschen Schweiz
Herausgegeben von Helen Christen, Elvira Glaser und Matthias Friedli,
Huber Verlag 2010

Troxler, Ruth / Gsteiger, Thomas:
Schwyzerdütsch für Anfänger.
Die 2000 wichtigsten Wörter, Helvetismen und Redensarten. Faro, 2016.

Ganz besonders empfehlenswert ist die Comic-Reihe **s'Knüslis** von Brigitte Fries und Liz Sutter, die in der edition moderne, Zürich, erschienen ist. Einen kleinen Eindruck des durchgängig züritüütschen schwarzen Humors vermitteln die Zeichnungen im vorliegenden Kauderwelsch-Band, die mit freundlicher Genehmigung der edition moderne abgedruckt wurden.

Onlinemedien:

Schweizerisches Idiotikon. Wörterbuch der schweizerdeutschen Sprache.
https://www.idiotikon.ch/
Frauenfeld: Huber, Huber ff 1881. o.J.

Zürcher Slängikon.
https://zuri.net/magazin/slang. o.J.

#hashtagswissletteringsquad Rundunk
Diverse Radiobeiträge der Sendung Schnabelweid von Radio SRF1. o.J.

Weitere Titel

Margit Brinke, Peter Kränzle
CityTrip Basel
ISBN 978-3-8317-3134-3
€ 11,95 [D]

Tanja Köhler, Norbert Wank
CityTrip Zürich
ISBN 978-3-8317-2937-1
€ 11,95 [D]

inklusive WEB APP

- Viele reisepraktische Informationen
- Sorgfältige Beschreibung der interessantesten Sehenswürdigkeiten
- Historische Hintergründe der Stadt und Geschichte der Region
- Detaillierte Stadtpläne und City-Faltplan zum Herausnehmen
- Empfehlenswerte Unterkünfte und Restaurants aller Preisklassen

Reisen? We know how!

www.zuerichbymike.ch

Register

A

B

C

D

F

L

M

N

O

P

U

V

W

X, Y, Z

Die Autorin

Christine Eggenberg ist im Kanton Bern aufgewachsen und beschäftigt sich seit Jahren mit Sprache und Literatur.

Im Elternhaus wurde Berndeutsch und Schwäbisch gesprochen. Christine Eggenberg ist die Leiterin der Stadtbibliothek in Bern und Dozentin an Berufsfachschulen. Sie ist mit einem Zürcher verheiratet und entwickelte einen ethnographischen Blick auf den am häufigsten gesprochenen Dialekt in der Deutschschweiz.

Dass Gluggsi in Zürich eben Hitzgi heisst, hat sie spätestens nach dem ersten Schluckauf begriffen. Mit spielerischer Entdeckungslust machte sie sich auf den Weg durchs Dickicht des Zürcherischen Dialektes und hat gleich selber viele neue Wörter und Redewendungen dazugelernt.